「働き方改革」という名の〝劇薬〟

労働者本位の働くルール確立を

井上 久・伊藤圭一・今村幸次郎・寺間誠治・河村直樹・中村和雄

学習の友社

もくじ

第1章　雇用破壊の新たなステージ

井上　久

1　「働く人の立場に立った改革」？

労働法制をめぐる最近の安倍首相の発言（例えば、**資料Ⅰ**「安倍首相の臨時国会所信表明演説」）に、戸惑いを覚えていらっしゃる方も多いのではないでしょうか。

低賃金ゆえにダブルワーク・トリプルワークの長時間労働を強いられる非正規雇用労働者や、ブラック企業で酷使される若者などからは、安倍首相の発言（「アベ働き方改革(注)」）に一種の期待の声も聞かれます。

（注）　安倍首相は「働き方改革」と称していますが、「働かせ方改革」など、さまざまな批判や言及がされています。筆者は、“安倍政権によるマヤカシの改革”という意味合いを込めて、本章では「アベ働き方改革」という言葉を使います。

「アベ働き方改革」とは何なのか？

２０１２年末に再登板した安倍首相が、「アベノミクス」と称する成長戦略のもと、「世界で一番企業が活動しやすい国」というスローガンを掲げて大々的に推進してきた「人が動く正社員改革」を中核にした一連の労働法制改悪（以下、「安倍『雇用改革』」という）と、何が違い、何が同じなのか。その中身をしっかりとつかみ、今後の運動に活かしていく必要があります。

資料Ⅰ　安倍首相の臨時国会所信表明演説

2016年9月26日

一　はじめに

《前略》　一億総活躍、地方創生、農政新時代、そして地球儀を俯瞰する外交。安倍内閣は「未来」への挑戦を続けます。世界の真ん中で輝く、日本の「未来」を、皆さん、共に切り拓いていこうではありませんか。《中略》

四　一億総活躍

経済対策のキーワードは「未来への投資」。一億総活躍の「未来」を見据え、《中略》

2020年、そしてその先の未来に向かって、誰もがその能力を存分に発揮できる社会を創る。一億総活躍の「未来」を皆さんと共に切り拓いてまいります。

その大きな鍵は、働き方改革です。働く人の立場に立った改革。意欲ある皆さんに多様なチャンスを生み出す、労働制度の大胆な改革を進めます。

子育て、介護など多様なライフスタイルと仕事とを両立させるためには、長時間労働の慣行を断ち切ることが必要です。

同一労働同一賃金を実現します。不合理な待遇差を是正するため、新たなガイドラインを年内を目途に策定します。必要な法改正に向けて、躊躇することなく準備を進めます。「非正規」という言葉を、皆さん、この国から一掃しようではありませんか。

定年引上げに積極的な企業を支援します。意欲ある高齢者の皆さんに多様な就労機会を提供していきます。

各般にわたる労働制度の改革プラン、「働き方改革実行計画」を、今年度内にまとめます。可能なものから速やかに実行し、一億総活躍の「未来」を切り拓いてまいります。

若者こそ、我が国の「未来」。若者への投資を拡大します。本年採用する進学予定者から、その成績にかかわらず、必要とする全ての学生が、無利子の奨学金を受けられるようにします。給付型の奨学金も、来年度予算編成の中で実現いたします。《以下略》

私たち全労連と自由法曹団、労働法制中央連絡会の三者は、2013年8月に『安倍「雇用改革」を切る！』（学習の友社）と題したブックレットを上梓しましたが、本書はその後継本を意図しています。ただし、前書は三者の集団討議のもとに編集しましたが、今回は、反撃が急がれるということで、章ごとに分担執筆しました。私の第1章は、安倍政権における「アベ働き方改革」の位置づけやねらい、安倍「雇用改革」からの変化などを概括的に執筆したものであり、いわば「はじめに」的な位置づけです。

2 経済への労働法制の全面的な従属・屈服

「アベ働き方改革」とは何か。結論を先に申し上げれば、安倍首相の聴こえのいい言葉とは裏腹に、労働法制・雇用政策を経済（グローバル大企業の利益）に全面的に従属させ、産業・企業の新陳代謝（再編）と一体で、雇用のさらなる流動化を図ろうというものだということです。

それを端的に示すのが、「第1回働き方改革実現会議」における安倍首相の発言（**資料Ⅱ**）です。安倍首相は、「働き方改革は、第三の矢、構造改革の柱……大切なことはスピードと実行」「働き方改革こそが労働生産性を改善するための最良の手段」「働き方改革は、社会問題であるだけでなく、経済問題」と語りました。

前書『安倍「雇用改革」を切る！』で、私たちは、「TPP交渉参加など経済のグローバル化を前提に、安倍首相のいう『世界で一番企業が活動しやすい国』をめざして、雇用・労働法制も全面的に改悪（規制緩和）しようというのです。働く人々や国民の生活、地域社会を踏み台に、ひと握りの多国籍大企業の利益ばかりに奉仕しようというものにほかなりません」（同書4頁）と指摘しましたが、その本質はいささかも変わっていません。

否、むしろ、個人消費の低迷など日本経済の停滞が鮮明になり、アベノミクスの誤りが誰の眼にも明らかになりつつあるもとで、グローバル大企業の利益に全面奉仕するアベノミクスの新自由主義改革を再構成・再強化しようというものだといえます。だから、安倍首相は、「アベノミクスの第2ステージ」とか「アベノミクスの成長のエンジンを最大限にふかす」とくり返し語っています。

安倍首相が、「一億総活躍」を唱え出したのは、自民党総裁に再選された2015年9月24日の記者会見でした。「目指すは『一億総活躍社会』であります……そのために、新しい『三本の矢』を放ちます。第一の矢、『希望を生み出す強い経済』。第二の矢、『夢をつむぐ子育て支援』。第三の矢、『安心につながる社会保障』。希望と、夢と、安心のための『新・三本の矢』であります」という安倍首相の言葉は唐突であり、アベノミクスの付け焼刃的な延命策という印象が否めませんでした。し

資料Ⅱ　第1回働き方改革実現会議の首相発言

2016年9月27日

《前略》「働き方改革」は、第三の矢、構造改革の柱となる改革であります。大切なことは、スピードと実行であります。もはや、先送りは許されないわけでありまして……いまこそ我々は必ずやり遂げるという強い意志を持って取り組んでいかなければならない、こう決意をしております。《中略》

「働き方改革」のポイントは、働く方に、より良い将来の展望を持っていただくことであります。同一労働同一賃金を実現し、正規と非正規の労働者の格差を埋め、若者が将来に明るい希望が持てるようにしなければなりません。中間層が厚みを増し、より多く消費をし、より多くの方が家族を持てるようにしなければなりません。そうなれば、日本の出生率は改善していくわけであります。

長時間労働を是正すれば、ワーク・ライフ・バランスが改善し、女性、高齢者も、仕事に就きやすくなります。経営者は、どのように働いてもらうかに関心を高め、労働生産性が向上していきます。働き方改革こそが、労働生産性を改善するための最良の手段であると思います。働き方改革は、社会問題であるだけでなく、経済問題であります。《以下略》

資料Ⅲ　日本再興戦略（2013年6月）から抜粋

・　止まっていた経済が再び動き出す中で、新陳代謝を促し、成長分野への投資や人材の移動を加速することができれば、企業の収益も改善し、それが従業員の給与アップ、雇用の増大という形で国民に還元されることとなる
・　古くなった設備・資産を大胆に処分し、型遅れの設備を最新鋭のものに置き換える。もう一度世界のトップに躍り出るための研究開発を加速し、成長分野に資金・人材・設備を積極的に投入する。思い切った事業再編を断行し、企業として、産業として新陳代謝を促進する

かし、その後、16年6月には「ニッポン一億総活躍プラン」が閣議決定され、「最大のチャレンジは働き方改革」と位置づけられました。労働法制大改悪が、アベノミクスの新たな成長戦略の最大の柱に据えられたのです。

「アベノミクスの第2ステージ」では、「世界の真ん中で輝く日本」とか「世界経済の新しい成長軌道への挑戦」という言葉が躍っています。長年の自民党政治・新自由主義改革の失敗のもとで深刻化している消費不況や少子高齢化・人口減少社会への転落、地域の疲弊を逆手に取った、「活路は海外」という側面がより強まっています。**資料Ⅲ**は、13年6月に閣議決定された「日本再興戦略」からの抜粋ですが、これを見れば、今回の「アベ働き方改革」が、「日本再興戦略」で打ち出したものをいっそう強化するものであることは明らかです。

だとすると、産業・企業の新陳代謝（再編）が強まることは必至です。雇用流動化の労働法制全面破壊の新段階として、労働運動の総力を結集した反撃を構築していく必要があります。同時に、「アベ働き方改革」が成長戦略（経済政策）という側面をいっそう強めているもとで、アベノミクスに反対する広範な国民的なたたかいの一翼という位置づけを明確にして反撃することが重要です。つまり、アベノミクスのグローバリズムに対抗して、「持続可能な地域循環型の経済・社会」をめざす運動の一環として、賃金の底上げや雇用の安定、社会保障の拡充などを求める世論と共同を強化する必要があるということです。

3　重大な意味を持つ「働き方の未来2035懇談会」報告書

安倍政権は、「働き方改革実現会議」で２０１６年度内に「実行計画」を取りまとめ、通常国会に関連法案を提出すると表明しています。検討は始まったばかりですが、すでに大枠は明らかです。それは、例えば、２０１６年8月に取りまとめられた、厚生労働省「働き方の未来２０３５：一人ひとりが輝くために」懇談会の報告書などです。

同報告書では、「時間や空間にしばられない自由な働き方への変化」が強調され、「働いた『時間』だけで報酬を決めるのではない、成果による評価が一段と重要になる。その結果、不必要な長時間労働はなくなり……」とされています。「働き方の自立化」という誤魔化しで労働者をバラバラにして、集団的労使関係を否定し、労働者保護法制をなきものにしようという意図は明白です。だから、労働政策決定システムも、三者構成原則を骨抜き

資料Ⅳ　金丸恭文氏（フューチャー株式会社会長兼社長）**の発言**

第１回働き方改革実現会議、2016 年 9 月 27 日

《前略》　１番目でございますが、新しい企業のビジネスモデルは、インターネットや技術革新により多様になってきております。そのため、時間と空間を超えた働き方が進展し、個々人のライフスタイル、ライフステージでさまざまなニーズが出てくるため、一律の規制は実態に合わないのではないかと考えております。個人の成長、付加価値生産性向上、経済成長をゴールとした、多様で柔軟な働き方を実現すべきだと考えます。

２つ目でございます。生産性向上は経営革新やビジネスモデル改革もセットであり、経営者はリスクを恐れず、果敢な戦略的投資をすべき。個人は、成長企業に身を置くことを心がけ、自身の稼ぎ方と働き方をセットで考えるべき。人材が成長分野でタイムリーに活躍できる仕組みや意識改革が必要だと思います。　《中略》

最後でございます。多様な働き方を実現するためにも、昨年より国会提出中の労働基準法案の早期成立を願います。

にして、官邸主導で経済政策に連動させてスピーディに決定する仕組みに大転換しようと、別途、有識者会議で検討がすすめられています。

さらに、同懇談会の座長だった金丸恭文氏（フューチャー株式会社会長兼社長）は、働き方改革実現会議の議員（委員）におさまり、第1回会議で、そのねらいを明け透けに語りました（**資料Ⅳ**）。

「個人は、成長企業に身を置くことを心がけ、自身の稼ぎ方と働き方をセットで考えるべき。人材が成長分野でタイムリーに活躍できる仕組みや意識改革が必要」というのですから、「グローバル大企業のための働かせ方改革」にほかなりません。

金丸氏は「労働基準法案の早期成立」も求めていますが、「多様な働き方」という誤魔化しで、残業代ゼロ法案も、解雇規制の緩和も、これまで以上に、「アベ働き方改革」の重要な要素になっているのです。

4　本物の働くルールを確立する本気の運動が求められている

では何故、安倍首相は「働く人の立場に立った改革」を強調し、同一労働同一賃金や賃金引き上げ、長時間労働の是正など、甘い言葉を並べているのでしょうか。

さまざまな側面がありますが、その最大の理由は、アベノミクスの誤りが誰の眼にも明らかになりつつあるもとで、自らの悪政が招いた格差と貧困の加速度的な拡大や経済の行き詰まりを逆手にとった人気取りという側面です。ただし、「看板に偽りあり」とか「ペテンだ」と、単純に批判するだけで済ますわけにはいきません。なぜなら、そこに、働く人々の状態悪化と切実な要求があるからです。

労働運動の存在意義が厳しく問われています。最低賃金・賃金の底上げや格差是正・均等待遇の実現、サービス残業の一掃・労働時間の上限規制など、ブラック企業をなくし、本物の働くルールを確立するとりくみを本気で飛躍させることが、「アベ働き方改革」に対する最大の反撃です。

甘い言葉が並ぶ第2の大きな理由は、急速に顕在化している労働力不足への対応という側面です。だから「一億総活躍」なのであり、若者も、女性も、高齢者も、そして外国人も、最大限こき使おうという魂胆です。そのため、労働時間の短縮をはじめ、保育や介護の緊急対策も課題として掲げられています。しかし、部分的な改善はあるにしても、決して人々が求めている対策にはなり得ません。むしろ、改悪部分が多く、できるだけ多くの人を労働市場に引きずり出す強制装置になろうとしています。

とくに、労働時間規制では、短時間勤務などは若干すすむでしょうが、多くの労働者は、「時間や空間にしばられない自由な働き方への変化」という誤魔化しで、労働時間規制が外され、成果を厳しく求められて、長時間労働にさらに拍車がかかるでしょう。それも、「多様な働き方」だと容認されるのです。

甘い言葉が並ぶ第3の大きな理由は、消費不況に対するカンフル剤として、若干の賃上げが必要になっているという側面です。それはアベノミクスの幻想のつなぎ留め策でもあります。個人消費の低迷が鮮明になる中で、安倍首相は今後も賃上げ、最低賃金の引き上げを唱えざるを得ないでしょう。しかし、それは、格差と貧困の解消という政策目標を持つものではありません。日本経済の破綻を回避する最低限のその場しのぎ策でしかなく、人間らしい最低限の生活を保障する賃金の実現など望むべくもありません。むしろ、今後は、人手不足の深刻化にもかかわらず、賃上げを財界の容認する低水準に抑え込む装置になるでしょう。「格差是正・均等待遇の実現を！」「賃上げ・底上げで地域（人々）の懐を暖め、経済の活性化」という労働運動と労働者・市民の世論と共同が、ここでも決定的に重要です。

第2章　安倍「働き方改革」総チェック
――「今よりまし」か、「まやかし」か

伊藤　圭一

1　参議院選後の安倍改造内閣と「働き方改革」

２０１６年7月10日の参議院選挙の結果、参議院でも改憲勢力が3分の2を占めることになりました。安倍首相は、新しい議会構成が明らかになるや、「参議院において戦後もっとも安定した政治基盤を獲得した」と胸を張り、憲法審査会について言及、国会内での改憲論議を具体的にすすめる意思を示しました。まさに、改憲勢力の暴走を止める国民的たたかいは、重大な局面に突入したといえます。憲法・戦争法、ＴＰＰ（環太平洋連携協定）、社会保障の課題では、くらしと営業を守ろうとする人々と、安倍政権との間の

対決軸は鮮明です。

では、労働法制の課題はどうなっているでしょうか。2016年8月3日、内閣改造と自民党役員人事が発表された記者会見で、安倍首相は、「最優先課題は経済」として事業規模28兆円強の経済対策を打ち出すとともに、「働き方改革」を「最大のチャレンジ」とアピールしました。

「最大のチャレンジは、『働き方改革』。長時間労働を是正する。同一労働同一賃金を実現し、『非正規』という言葉をこの国から一掃する。最低賃金の引き上げ、高齢者への就労機会の提供など、課題は山積している。今回新たに働き方改革担当大臣を設け、加藤一億総活躍大臣にその重責を担っていただく。加藤大臣のもと、『働き方改革実現会議』を開催し、塩崎厚労大臣と緊密に連携しながら、年度内を目途に『働き方改革』の具体的な実行計画を取りまとめてもらう。スピード感をもって実行していく。」（安倍首相）。

このように、安倍政権は、労働者の要求を反映させた課題を掲げ、その遂行体制については、厚生労働大臣の他に、新たに「働き方改革担当大臣」なるものを置く異例の閣僚人事を行い、今後の労働政策は、「働き方改革実現会議」での議論をベースとして、「国民運動的」にすすめるとしています。官邸発の「働き方改革」関連のニュースは、〝首相のやる気の証〟として頻繁に報道されています。おそらく、多くの労働者は「安倍首相の狙いや動機はともかく、労働者要求にそった政策が掲げられているのだから、批判すべき点は批判し、良いものは評価し、『働き方改革実現会議』でしっかりすすめてもらえばよいのではないか」と考えているのではないでしょうか。

しかし、はたして、安倍政権の「働き方改革」は、労働者にとって、よい結果をもたらすものなのでしょうか。政府の提案に対して、「是々非々」の対応をとり、方法については政府に任せていけば、労働者の雇用・労働条件は、「少なくとも、今よりはまし」になるでしょうか。

2 目的は「多様で柔軟な働かせ方」

結論からいえば、安倍「働き方改革」に期待し、安倍政権に労働政策を任せるのは危険です。「働き方改革」がめざしているのは、「多様で柔軟な働かせ方」、言い換えると、今よりもっと低コストで使えて、いつでも調達できて、いつでも首切りできるような、都合よく使える労働力を増やそうというものです。「働き方改革」の実相を見極めるためには、掲げられたメニューをただ眺めるだけでなく、個々の課題にかかわって、どのようなことが検討されているのか、全体としてどのような「働かせ方」を実現しようとしているのか、さらに、そうした労働政策の決定を、どのようにすすめようとしているのかについて、吟味する必要があります。

２０１６年9月27日、総理大臣官邸において、「働き方改革実現会議」が開催されました。議長をつとめる安倍首相は、当面の課題として、次のテーマを掲げました。

1番目に、同一労働同一賃金など非正規雇用の処遇改善。
2番目に、賃金引き上げと労働生産性の向上。

3番目に、時間外労働の上限規制の在り方など長時間労働の是正。

4番目に、雇用吸収力の高い産業への転職・再就職支援、人材育成、格差を固定化させない教育の問題。

5番目に、テレワーク、副業・兼業といった柔軟な働き方。

6番目に、働き方に中立的な社会保障制度・税制など女性・若者が活躍しやすい環境整備。

7番目に、高齢者の就業促進。

8番目に、病気の治療、そして子育て・介護と仕事の両立。

9番目に、外国人材の受入れの問題。


このうち、首相自らがもっとも強調し、マスコミが取り上げているのは、「同一労働同一賃金など非正規雇用の処遇改善」と「時間外労働の上限規制の在り方など長時間労働の是正」の2つ、ついで賃金引き上げ、女性の活躍推進、高齢者の就業促進といったあたりです。特に同一労働同一賃金と時間外労働の上限規制は、与党が従来真っ向から否定してきた政策であり、過去の行状に頬かむりして、これを取り上げるとは、まさにサプライズな提案です。「安倍政権、やるじゃないか」といった反応が、労働者から起こることを計算したものです。

しかし、リストにいくつか、労働者要求にそったテーマが掲げられたというだけで、安倍政権を信頼してはいけません。労働者のためであるかのような提案をしながら、実は大企業や人材ビジネスが欲しがる制度を実現しようとしているなど、落とし穴が満載なのです。個別テーマのうち、「労働時間」「雇用」「賃金」といった重大課題についての詳細な検討は、他の章に譲り、以下では「働き方改革」のメニューの実施に関わって、実際に行われていることを、ざっとあげてみましょう。

①労働基準法（労働時間法制）の改悪

安倍首相は、「時間外労働の上限規制」や「勤務間インターバル規制」を言い出したわけですが、内閣が国会に提出している労働基準法「改正」法案には、そうした条項は入っていません。労働政策審議会の段階で、労働者代表が要求したにもかかわらず、安倍政権がすべて否定したからです。では法案の目玉は何かといえば、一定の時間働いたとみなし、実労働時間に基づく残業支払いをごまかす「裁量労働制の拡大」と、年5日の有給休暇付与以外のすべての労働時間関連の保護規定（時間外・深夜割増賃金、休日・休憩付与）をはずす「高度プロフェッショナル制度創設」といった労働時間法制の大規制緩和です。実現すれば、「残業代ゼロで働かせ放題、過労死しても自己責任」となることは、今の裁量労働制の働き方や、アメリカのホワイトカラー・エグゼンプションなどを見ても、明らかです。

言っていることと、やっていることの矛盾が明白なので、安倍政権は、あわてて時間外労働の上限規制を検討し始めています。しかし、労働者代表のいない検討会の場で審議されている内容は、きわめて不十分で、労働者の要求にそった議論はまったくありません（注）。実効性のない穴だらけの「まやかし上限規制」の導入と引き換えに、裁量労働拡大や注労働時間規制の適用除外制度の創設を図る。これが、安倍政権の目論見です。

（注）「第2回仕事と生活の調和のための時間外労働規制に関する検討会」（2016年9月30日（金））では、「日本は雇用を守るかわりに、労働時間を柔軟にしてきたのであり、労働時間を強行的に規制すると、安定雇用を壊すことになる」、「総論として長時間労働の是正は必要な半面、労働者の能力形成や企業競争力を大幅に阻害するようなやり方では本末転倒。社員の能力形成・企業競争力と両立できる長時間労働是正策を講じることが肝要」、「キャリア研修でプロ人材を育成し、自律的仕事の進め方ができるようにすることが必要。生産性があがれば、問題は解消できる」など、使用者サイドの目線ばかりの議論がなされている。

②最低賃金はわずかな改善、大きな地域間格差

賃金改善の課題は、安倍政権がもっとも熱心に宣伝している政策です。春闘での安倍首相の「賃上げ要請」は、大企業のほんの一部の労働者にしか影響しませんでしたが、最低賃金については、「政治のリーダーシップで大幅に引き上げた」と安倍首相は自画自賛しています。しかし、2015年の改定は2%、16年夏もわずか3%のアップにすぎず、最高額の東京でも時間額932円、最低額の宮崎と沖縄では714円にすぎません。これでは、年間1800時間のフルタイム就労をしても、東京で168万円、宮崎と沖縄では129万円にしかならず、ワーキングプアから脱することはできません。また、地域間格差は23%におよび、同一労働同一賃金原則にも反しています。

③期待外れ、まやかしの「同一労働・同一賃金」の検討

「働き方改革」の目玉政策である、「同一労働・同一賃金」の法制化は、多くの女性、非正規労働者が期待しているものです。しかし、非公開の検討会に提出された資料を見ると、企業における「人材活用の仕組み」が違えば、今の職務内容が同じであっても差をつけてよいとする内容が検討されています。結局、すすむとしても、通勤手当や社員食堂の利用の改善などにとどまり、肝心の賃金については、雇用形態や男女間の処遇差別を正当化するものとなりそうです。なお、労働条件の相違が不合理だとして、労働者が裁判に訴えた場合、今の労働契約法20条やパートタイム労働法8条では、立証責任は訴えた労働者側に課せられます。もし、労働条件の相違の合理性の立証責任を、使用者側に課すものとなるのであれば、今回の法改正は一定の改善といえますが、日本経団連の反対によって、それすらなされないとの見通しです。

この間、人事考課を直接、賃金にリンクさせる評価制度を持つ企業が増えていますが、そうした職場で

は、新卒採用の標準労働者と中途採用労働者、職務限定の労働者などの職務・業績・成果を比較して正規の標準労働者の賃金を下げることが、同一労働同一賃金の説明のもとで行われています。正規と非正規の格差是正の一環として、賃金の比較を、有期契約労働者などに広げる場合、「賃金抑制をもたらさずに均等待遇を実現すべき」とする厳格な法制化と、職場における労働組合のたたかいがなければ、日本経団連流にねじまげられた「同一労働同一賃金論」により、「賃金の低位標準化」がもたらされる危険性があります。

④「解雇自由」法制の検討

リストに転職・再就職支援というテーマがありますが、その背景には「雇用流動化」、すなわち解雇をしやすくする制度の導入が隠されています。安倍政権は、「裁判に訴えられない非正規労働者が泣き寝入りしないため」との理由をつけて、「裁判で解雇無効となっても、低額の解決金で、確実に首切りができる解雇の金銭解決制度」、言い換えると、「どんな乱暴な解雇をしても、裁判がこわくない制度」の法制化を狙っています。これが実現すれば、労働審判でも裁判でも、企業は、解雇事件での和解に応じなくなります。また、社長が気に入らない労働者や、労働組合の活動家などは、簡単に解雇されるようになる、まさに、「解雇自由」法制が狙われています。

⑤もっとも雇用の不安定な派遣労働の拡大

２０１５年国会で強行成立させた労働者派遣法について、政府は「派遣労働者の正社員化促進」をうたっていました。しかし、実際には、旧法で不十分ながらも直接雇用化に効果があった「職場単位の期間制限」や、発動目前だった「専門26業務派遣違反への直接雇用みなし制度」を破壊し、「生涯派遣・正社員極小化」をすすめています。リーマンショックの後に起きた、大量派遣切りの反省にたった規制の視点はすべて投げ捨て、今は、もっとも雇用が不安定で労災も多発する日雇い派遣の規制緩和すら、検討しようとしています。

⑥雇用仲介事業・人材ビジネスの規制緩和

転職・再就職支援・人材育成のテーマが指し示すものは、雇用仲介事業（労働者派遣、職業紹介、委託募集、求人広告・情報提供等の就労マッチング事業）、つまり、人材ビジネスに対する規制緩和です。先の国会では、人材ビジネスが、退職勧奨のコンサルタントをしてリストラを促しつつ、クビを切られた労働者の再就職支援や受け皿としての労働者派遣事業で儲け、そこに助成金が流れていることが大問題となりましたが、安倍政権は、性懲りもなく、助成金をつけて人材ビジネスの事業拡大をすすめようとしています。既に、ハローワークの求人・求職情報の民間提供や、キャリア・コンサルタントの国家資格化、採用時の書類選考に使われる「ジョブカード」の改悪（前の会社による評価を記載）は実現しています。雇用保険については、使用者負担を減らす保険料の引き下げを先の国会でもしましたが、それをさらにすすめ、失業給付の改善を凍結しようとしています。結果として、失業した労働者は落ち着いてよい仕事を探すことはできず、劣悪な労働条件の雇用でも就労せざるを得なくなります。こうして、求職者に対する、人材ビジネスの支配力がじわじわと強められています。

⑦高齢者の就労への追い込み

少子高齢化による労働者不足と、社会保障財源の問題は、アベノミクスの経済成長の大きな足かせとして、政府に認識されています。これらを解消する一石二鳥の切り札が、税・社会保障と高齢者雇用政策の改悪です。企業に対する税・社会保険の負担は減らし、消費税へとシフトさせながら、財源難を理由に年金も生活保護も改悪し、働かなくては生きていけない高齢者を生み出して就労に追い立てています。一方で、企業における継続雇用では労働条件の水準は企業まかせであり、また、高齢者雇用安定法を改悪し、「いきがい就労だから安くて当然」とするシルバー人材センターの派遣事業や職業紹介事業の規制緩和をして、フルタイムの一般的な雇用でも扱えるようにし、低賃金・不安定雇用の労働市場に、大勢の高齢者を流し込もうとしています。もちろん、賃金低下競争の影響は、青年労働者にも波及します。低賃金の不安定雇用労働者を増やしてきた政策が、結婚できず、世帯形成ができない青年層を生み出してきたという視点は、安倍政権にはないようです。

⑧外国人労働者の活用

リストにもある外国人材の受け入れですが、外国人労働者の人権や労働基本権の保障の整備など、まっとうな移民政策はまったく検討されていません。行われていることは、いかにして、労働者としての基本的な権利発動ができないような労働力を調達するかという観点に立つものばかりです。例えば、継続審議とされている、外国人技能実習制度「改正」法案は、国際貢献の表看板とは異なり、実態は使用者を選べず、安く使っていつでも首切り・追い出しができる奴隷的な労働者をアジアから調達する、「善人だった社長を悪人にしてしまう」（衆議院での参考人発言）政策です。今でも建設業、農業、製造業分野で16万8千人が働いていますが、政府は、これに介護分野も加えて、期間も延長可能とし、さらに多く受け入れようとしています。この他、国家戦略特区を使った、外国人家事労働者も、すでに導入され始めています。労働条件が低すぎて、日本人労働者が参入しない業種については、待遇改善をしなければならないわけですが、低賃金の実習生を入れるという場当たり的な対応をすることで、労働市場はますます、劣化していきます。

⑨請負・業務委託労働の典型労働化

最近、厚生労働省の検討会議などで、有識者がしきりに語っているのが、労働者保護が適用されない請負労働者のさらなる拡大です。近い将来の日本では、仕事の都度、企業と契約し、プロジェクトが終われば契約は終了となる一人親方的な労働が、典型的な働き方となるとも展望されています。労働者が個々バラバラにいながら、IT技術でつながり、仕事を請け負うという形を導入する入口として、今、政府と経営者が注目しているのが、「働き方改革」のリストにもある、テレワークです。政府は、「世界最先端IT国家創造宣言」（2015年6月変更）において、「2020年には、テレワーク導入企業を2012年度比で3倍、週1日以上終日在宅で就業する雇用型在宅型テレワーカー数を全労働者数の10％」にすることや「サテライトオフィスでの勤務を含め地方に住みながら仕事を行うようなテレワーク（ふるさとテレワーク）を推進」することを目標に定め、予算を付けてモデル事業を推進したり、調査をしています。

育児や介護、健康問題を抱えた場合の一時的な対策として、テレワークという働き方には、労働者の期待もあります。しかし、財界がテレワークに期待しているのは、裁量労働化と個人請負化です。仕事の量と納期さえ、契約で決めてしまえば、あとは労働者任せです。企業は、残業代や健康管理措置などの雇用責任は負うことなく、労働者に健康被害があっても自己責任。身体を壊したり、仕事がなくなれば、使用者の都合で簡単に契約解除ができる。それが企業側から見た「柔軟な働き方」です。

以上は、検討されている課題のうち、いくつかを取り上げたにすぎません。結局、賃金のわずかな底上げがなされたとしても、労働者全体の雇用はさらに流動化させられ、新たに生まれる雇用は、非正規が主流となり、それが典型労働となることで、もはや「非正規という言葉はなくなる」のです。また、長時間労働の是正の課題については、上限規制の実効性ある仕組みは取り入れられず、労働時間規制の適用を除外する制度や裁量労働制を拡大することで、「実際には長時間労働をしているのに、それは個人が勝手にやっていることで、法的には長時間労働は存在しないものとする」ことを狙っているのです。

「働き方改革」のメニューのいくつかは、従来、労働組合が求めてきたものであって、使用者側が否定してきたものです。企業にとって一定の負担となるものもあるため、財界はブレーキをかけるような意思表示もしています。しかし、それでも安倍政権に協力する姿勢は崩していません。なぜなら、上記のテーマ別の検討から明らかなように、財界・大企業は、今の段階でわずかな譲歩をすることで、より大きな果実（労働者保護法制の大幅な規制緩和や、企業向けの経済・労働力政策）を手にすることができることを知っているからです。こうして、あたかも企業の反対を抑えてでも、労働者のための政策をするかのような、政治の意思が演出されているわけです。

結局、安倍政権とは、発足以来そうであったように、これからも労働者のくらしをよくすることなどは、主眼においていないのです。安倍政権の関心事は、常に首相や閣僚の発言でふれられているとおり、あくまでも「アベノミクスによる経済成長」に集中しており、一貫して「世界で一番企業が活躍しやすい国をつくる」ことに置かれています。

「働き方改革」は、そのために打ち出された手段であり、その目的は、①アベノミクスのもたらした雇用の劣化によって高まっている労働者の不満・批判をかわすこと、②労働力不足を解消するため、「一億総活躍」の状況をつくること、③労働者保護法制の規制を緩め、企業が活動しやすくなるようにすること、なのです。

3　労政審を形骸化、トップダウンによる政策決定へ

問題は、「働き方改革」に掲げられた個別の課題に、「ごまかし」「まやかし」があることだけではありません。これら労働政策の決定プロセスにおいて、労働者（代表）の関与を極力排除し、財界や学者たちの声を中心にして政策をまとめ、官邸主導のトップダウンでことをすすめてしまう、きわめて非民主的な政策決定システムを定着させようとしているという、大きな問題もあります。

まず、2015年10月に設置された「一億総活躍国民会議」も、そうした狙いが込められた組織です。主要閣僚の他に集められた有識者15人は、財界代表・経営者、学者、NPO法人、タレントらで、なんと労働者の代表はいません。ここに労働者の代表がいれば、労働者の実態に沿った問題のあぶり出しとあわせて、政治の責任、使用者の責任、そして解決のための政策についても言及されてしまうため、そうはさせなかったということです。結局、官邸が描く筋書きの範囲内での意見出しのもと、今の労働者が直面している過労、格差、貧困などの問題が、根本的な原因と解決方法を脇においた形でまとめられました。そして、経済成長のために労働問題を解消するとの政治の意思を示した「ニッポン一億総活躍プラン」が、2016年の6月に閣議決定されたわけです。このプランに書かれた「最大のチャレンジは働き方改革」と

いう言葉は、安倍首相が何度も語ることで、広く報道され、安倍政権下で進行した非正規化や実質賃金低下に対する労働者の批判の矛先をうやむやにし、選挙を前にして、野党との違いを曖昧にさせることに活用されました。

労働政策審議会の見直し論議

同時に、2016年夏から、安倍政権が踏み込んだのは、労働政策決定プロセスの具体的な見直しです。2016年7月26日に開催された「働き方に関する政策決定プロセス有識者会議」は、現在の労働政策審議会の在り方の見直しを狙ったもので、表向きの問題意識は次の2点、①産業構造変化に伴い、就労形態の多様化がすすみ、「働き方のニーズも多様化」しており、多様な意見を労働政策決定過程にも反映する必要があるが、今の労働政策審議会では十分にそれができていないということ、次に、②AIなどの技術革新、産業構造・企業の変化に対応したスピーディな経済政策が必要なのに、労働政策については、変更に時間がかかりすぎる、ということです。

このうち、①については、労働者代表の選び方を工夫し、異なった系統の労働団体から多様な業種や雇用形態の代表を専任したり、ヒヤリングや調査を拡充するなどの合理的な改善策が検討されるべきであり、②については、労働者保護の拡充を急ぐ視点からは重要である一方、経済政策を優先して、労働政策を拙速にすすめることの問題もあり、政策内容にそくした検証が必要な議論です。

ところが、有識者会議の内容は、労働政策審議会の在り方の改善をめざすなどとはいえない、驚くべきものでした。13人の有識者のうち、労働者の代表は1人だけで、あとは学者と経営者たちからなる会議で、いまだかつて聞いたことのない〝労働政策審議会つぶし〟の意見が飛びかったのです。労働組合の代表者や厚労省の事務局から、労使対話の重要性を軸としたＩＬＯ（国際労働機関）三者構成主義の重要性について、フィラデルフィア宣言に遡った説明がなされても、座長自ら「ＩＬＯがどれほどえらいのか私は知らない」と言い放ち、労使の対話に疑問を浴びせかけ、与党寄りの委員からは「労使同数の委員はおかしい」「労働立法の立案や改正が必ず労働政策審議会を経なければならない根拠はどこにある」など、異常な意見が続出しました。一方で、「ＩＬＯの国際原則・三者構成主義は大事」と従来の労働政策審議会の枠組みを擁護する委員もいましたが、こちらもよく聞いていくと問題のある発言でした。「労働組合間や労働者内部の異論をまとめて調整し、政策決定を柔軟にすすめる」ことが労働者代表の役割だとして、労働者内の意見の違いを封じ込める役割を求め、「最後は柔軟な対応を」などと、労働者側に折れることを諭す意見だったのです。

そもそも、労働政策において、多くの場面で労使が対立的な見解を持つのは、国の違いを問わず、世の常です。それをふまえ、ＩＬＯでは、労働政策については、政府・労働者・使用者が対等の立場に立ち、社会的対話に基づいて決めていくことを原則とする三者構成主義をとっています。加盟各国も、その原則にのっとった政策決定をしており、日本でも、労働政策審議会や、労働委員会、最低賃金審議会などで、公益・労・使の三者構成をとっているわけです。労働者保護法制を緩和・解体しようとする議論に対し、労働者が徹底的に反対するのは当然です。しかし、この有識者会議の主な意見は、「反対意見は言ってもよいが、最後は柔軟に対応せよ。そうでなければ、労働政策審議会を実質的に形骸化させ、労働者代表の存在をなくし、単なるヒヤリング対象にする」という脅しともいうべきものでした。労働者を政策決定プロセスから排除せよ。これが、安倍政権の意思なのです。

働き方改革実現会議の構成

議　　長　安倍晋三　内閣総理大臣
議長代理　加藤勝信　働き方改革担当大臣
　　　　　塩崎恭久　厚生労働大臣
構 成 員
　麻生太郎　副総理 兼 財務大臣
　菅　義偉　内閣官房長官
　石原伸晃　経済再生担当大臣 兼 内閣府特命担当大臣（経済財政政策）
　松野博一　文部科学大臣
　世耕弘成　経済産業大臣
　石井啓一　国土交通大臣
（有識者）
　生稲晃子　女優
　岩村正彦　東京大学大学院法学政治学研究科教授
　大村功作　全国中小企業団体中央会会長
　岡崎瑞穂　㈱オーザック専務取締役
　金丸恭文　フューチャー㈱代表取締役会長兼社長 グループ CEO
　神津里季生　日本労働組合総連合会会長
　榊原定征　日本経済団体連合会会長
　白河桃子　相模女子大学客員教授、少子化ジャーナリスト
　新屋和代　㈱りそなホールディングス執行役 人材サービス部長
　高橋　進　㈱日本総合研究所理事長
　武田洋子　㈱三菱総合研究所政策・経済研究センター副センター長 チーフエコノミスト
　田中弘樹　㈱イトーヨーカ堂 人事室 総括マネジャー
　樋口美雄　慶應義塾大学商学部教授
　水町勇一郎　東京大学社会科学研究所教授
　三村明夫　日本商工会議所会頭

動き出した「働き方改革実現会議」

労働政策審議会を揺さぶる一方で、すでに走らせている仕掛けが、先にも触れた「働き方改革実現会議」です。

「働き方／働かせ方」という労働者課題を、厚生労働大臣・厚生労働省の所管から、働き方改革担当大臣のいる内閣府へと差し出させ、そこに経済産業省や財務省など、他省庁からのメンバーを入れて、官邸のもとですすめていく仕組みです。その構成メンバーは、首相

と主要閣僚、経済団体やそのシンクタンクが9人、学者4人、女優1人、労働者代表は、連合会長たった1人。このきわめて歪んだ会議の狙いは、言うまでもなく、労働政策を、経済政策に従属させ、官邸主導のトップダウンによるスピーディな政策決定を行うことにあります。

ここで恐ろしさを感じるのは、有識者・学者の一部に、次のような見解が広がり始めている点です。「良い政策であれば、労使対話のプロセスなど飛ばして、トップ・ダウンで実施した方が、専門家が検討した原案どおりのよいものができる」とか、「委員にＡＩ（人工知能）を入れて、データに基づくスピーディな審議をすべき」などというのです。これらは、衆愚論に基づくエリート支配・テクノクラート支配の発想であり、民主主義をないがしろにする意見といえるのではないでしょうか。公正に選ばれた労使の代表が、多くの調査やヒヤリングをもとに実態と問題点を把握し、議論をつくす末に、政策はつくられるべきであり、対立する利害の調整プロセスこそが、政治の手腕の発揮のしどころです。反対意見を排除した政策決定などは、政治の自殺というべきでしょう。

安倍政権は、見せかけだけの「良い政策」を突破口に、労働者の承認をなんとなく取り付け、労働者の意見をふまえた労働政策決定の仕組みを解体させようとしています。その後に続く、強権的な制度改悪、民主主義の解体は、容易に予想ができるところです。

4　安倍「働き方改革」にどう対応すべきか

では、この安倍「働き方改革」に対して、私たちはどのように対応すべきでしょうか。単純に「働き方改革反対！」といった意思表示をしてしまうと、安倍政権が仕掛けている「労働者分断策」の術中にはまってしまいます。安倍首相が「同一労働・同一賃金」を改革テーマの筆頭に掲げたのにはワケがあります。格差問題への対応がすすまない男性正社員中心の労働組合（もちろん、そうではない労働組合もあるわけですが）を飛び越えて、均等待遇を熱望する未組織・非正規・女性労働者の期待をつかみ、安倍首相側にひきつけるという作戦です。批判の仕方を誤ると、同一労働同一賃金に反対しているかのように受けとめられてしまい、格差への怒りを労働組合が受け、安倍政権の支持が高まることになってしまいます。同じことは、長時間労働対策についてもいえます。

つまり、政治の俎上にのぼった労働法制課題のいくつかは、労働組合のとりくみの弱さを突いてきているということです。その点、私たちは反省しつつ、次の行動にとりくむ必要があります。

①職場で長時間労働の削減や均等待遇等をすすめるため、学習と討議を行い、使用者側への提案の準備をすすめること。
②安倍政権の不十分かつ落とし穴のある提案と、労働組合の要求との間には「対決軸」があることを明らかにし、社会に知らしめること。
③焦点があてられた課題について、抜本的な法制度改革の要求を掲げ、政府に対し、その実現を強く求めていくこと、などです。

安倍政権任せで、今の働き方の問題を改善していくことの危険性を、広く知らせなければなりません。安倍「働き方改革」は、今は導入部分の段階で、最低賃金の引き上げや同一労働同一賃金、長時間労働の是正などの誘い文句で労働者の支持を取り付けようとしています。しかし、官邸主導の労働政策づくりのシステムを完成させたあかつきには、求職・採用の場面から、転職・退職に至る働くルールのすべてを、大企業本位に作り直そうとするものです。女性・高齢者・外国人も含めた労働力調達の仕組みを整えながら、「多様な働き方」という言い方で、雇用の流動化・不安定雇用化と、非正規化・差別化・低賃金化をすすめ、「時間でなく成果で評価される柔軟な働き方」という言い方で、長時間労働化と過労死の自己責任化を実現しようとしています。その行きつく先は、賃金のさらなる低下による消費の低迷、不況と社会不安の深刻化、不安定雇用化による労働能力の低下とモノ言えぬ労働者づくりです。これは、事実上の憲法破壊であり、戦争する国づくりにもつながるものです。

「安倍『働かせ方改革』にだまされるな!」と職場内・外の労働者に呼びかけ、安倍政権が実際にやろうとしていることを暴露していくと同時に、見せかけ・まやかしの安倍「働き方改革」を突破して、本当に労働者が望んでいる改革を実現させるよう、政治を動かし、職場を変えていく行動にとりくむことが重要です。

第3章 労働時間 安倍政権による労働時間政策の問題点

――長時間労働の根絶に向けて今必要なこと

今村 幸次郎

はじめに

安倍政権が、「働き方改革」の中で長時間労働の是正を打ち出す一方で、「高度プロフェッショナル制度」など労働時間法制の大規模緩和を推しすすめようとしていることは、前章で指摘したとおりです。

以下、本稿では、安倍政権の労働時間政策の問題点等を見ていきます。安倍政権は、一方で、「長時間労働の是正」を打ち出しながら、他方で、２０１５年の通常国会に提出され継続審議となっている労働時間規制を骨抜きにする法案（一定範囲の労働者に対し労働時間規制を適用除外とする高度プロフェッショナル制度の導入、何時間働いても「みなし時間」だけ働いたものとみなされる企画業務型裁量労働制の拡大を含む労働基準法等の一部を改正する法律案、以下「適用除外法案」といいます）を強行的に成立させようとする姿勢を崩していません。

安倍政権が、本当に「長時間労働の是正」を行うというのであれば、無限定かつ残業代ゼロの長時間労働を生み出す適用除外法案をまず撤回すべきです。しかし、政権側は、この適用除外法案について、見直したり、撤回したりする様子を一切見せておらず、17年の通常国会にも成立させる構えです。また、後で詳しく見るように、安倍政権が「働き方改革」で打ち出している「長時間労働の是正」は極めて不十分なものです。

したがって、私たちは、労働者の命と健康を蝕む長時間労働を根絶するために、まず、適用除外法案の成立阻止に向けて運動を強めなければなりません。そのうえで、長時間労働の根絶のために真に実効性のある法規制の実現を求めていくことが必要となっています。

そこで、以下では、まず、政府が国会に提出している適用除外法案の問題点等を見ていくこととします。

1　適用除外法案の概要と根本的な疑問

(1) 法案提出に至る経緯と根本的な疑問

適用除外法案の作成過程等

安倍政権は、長時間労働の是正が課題であることを認識しながら、適用除外法案を国会に提出し、いまだに、その成立に固執しています。それは、適用除外法案が、安倍政権の「日本を企業が世界で一番活躍しやすい国にする」という基本政策の根幹をなすものだからです。

２０１４年に労働時間規制の緩和を含む「新たな働き方」が話しあわれた「産業競争力会議・雇用人材分科会」の民間議員は、長谷川閑史氏（経済同友会代表幹事〈当時〉）、榊原定征氏（日本経団連会長）、竹中平蔵氏（慶応大学教授・パソナグループ会長）でした。労働者代表はまったくいませんでした。このような会議体で、労働者の権利に配慮した公正な議論が行われることは望むべくもありません。このような場における議論を経て、財界要求にそった方針が決定され、その方針が「日本再興戦略・改訂２０１４」の中で政府方針として閣議決定されました（２０１４年6月24日閣議決定）。そして、その方針に従い労働政策審議会で建議がまとめられ（２０１５年2月13日付「今後の労働時間法制等のあり方について（建議）」）、その建議に基づき法案が準備されました。このようにしてできあがったのが、適用除外法案なのです（２０１５年4月3日に国会に提出され、現在、衆議院で継続審議となっています。政府・与党は、16年秋の臨時国会では取り扱わず、17年の通常国会での成立を狙っているといわれています)。

日本の長時間労働と労働者の健康被害の状況

しかし、今の日本の長時間労働や過労死等をめぐる現状からして、このような法案が政府から提出されることには、根本的な疑問があります。

日本では、異常ともいえる長時間労働が蔓延しています。長時間労働を主因とする過労死・過労自殺・精神障害が、毎年過去最高を更新するレベルで多発しているというのが労働現場の実情です。

2015年度における精神障害の労災請求件数は1515件で過去最高を更新しています。うち自殺は199件です。支給決定件数は472件で、うち未遂を含む自殺の件数は93件です。脳・心臓疾患の労災請求件数は795件で、うち死亡は242件です。支給決定件数は251件で、うち死亡は96件です。脳・心臓疾患で労災支給が決定された案件について1ヵ月平均の時間外労働時間数を見てみると、80時間以上100時間未満が105件で、100時間以上の合計は120件もありました。長時間労働が、労働者の命と健康を蝕んでいることがよくわかります。

適用除外法案は撤回しかない

今、わが国で必要なのは、労働者の心身を蝕む長時間労働を根絶すること、そのために労働時間に関する法的規制を強化することであって、決して、労働時間規制を緩和したり適用除外にしたりすることではありません。適用除外法案は、このあと、その概要等に触れますが、1日8時間労働制を解体し、過労死等を激増させるものであって、撤回するしかありません。

(2) 高度プロフェッショナル制度の導入

①制度の概要

適用除外法案には、新たな労働時間規制の適用除外としての「高度プロフェッショナル制度」が盛り込まれています。これは、一定の要件のもと、対象となる労働者について、労働基準法第4章で定める労働時間、休憩、休日及び深夜の割増賃金に関する規定を適用しないものとする制度です。要するに、1日8時間労働制の大原則を外し、何時間働いても残業代はゼロ、深夜早朝に働いても深夜業手当もなし、休憩・休日に関しても法規制なし、という制度です。

具体的な要件等は以下のとおりです。

① 高度の専門的知識等を必要とし、その性質上従事した時間と従事して得た成果との関連性が通常高くないと認められる業務を対象とすること（対象業務は厚生労働省令で定めることとされていますが、金融商品の開発業務、金融商品のディーリング業務、アナリストの業務、コンサルタントの業務、研究開発業務等が想定されています）

② 対象となる労働者は、使用者との合意により従事する職務が明確に定められていること、及び、使用者から支払われると見込まれる1年当たりの賃金の額が年間平均給与額の3倍を上回る水準として厚生労働省令で定める額（1075万円といわれています）以上であること

③ 使用者は対象労働者について健康管理時間（事業場内にいた時間と事業場外において労働した時間との合計時間）を把握する措置を講じること

④ 使用者は対象労働者について次のいずれかの措置（健康・福祉確保措置）を講じること

ア　24時間について継続した一定の時間以上の休息時間を与えるものとし、かつ、1ヵ月について深夜業は一定の回数以内とすること

イ　健康管理時間が1ヵ月又は3ヵ月について一定の時間を超えないようにすること

ウ　4週間を通じ4日以上かつ1年を通じて104日以上の休日を与えることとすること

⑤　対象労働者の健康管理時間の状況に応じ、医師による健康診断の実施等の措置を講じること

⑥　制度適用については、労働者本人の同意を前提とすること（希望しない労働者には制度が適用されないものとすること）

⑦　使用者は、同意しなかった対象労働者に対して解雇その他不利益な取り扱いをしてはならないこと

⑧　以上の要件等について、事業場に設置された労使委員会において、5分の4以上の多数決で決議し、当該決議を行政官庁に届け出ること

②問題点─働かせ放題・残業代ゼロ・最悪の自由剥奪法

1日8時間労働制の解体

この制度の最大の問題は、一定の労働者について、1日8時間労働制という労働法のもっとも重要なルールを全面的に適用除外することにあります。8時間労働制は、「労働に8時間、睡眠に8時間、生活に8時間」という労働者の切実な要求に基づいて実現したものです。アメリカ・シカゴの労働者が、1886年5月1日、8時間労働制の実現をめざしてゼネストに立ち上がり、これがメーデーの起源となりました。1919年に設立されたＩＬＯ（国際労働機関）は、工場における労働時間について「1日8時間を超えてはならない」とする1号条約を採択し、「1日8時間労働制」が世界のスタンダードとなったのです。「高

度プロフェッショナル制度」は、この大事な原則を投げ捨て、睡眠時間も生活時間もすべて使用者に捧げさせることを内容とするものにほかなりません。現行のこの制度が認められれば、使用者は、何時間働かせようと、残業代・深夜業手当を払わなくてよくなり、休憩、休日に関する法規制もまったくなくなります。使用者には「働かせ放題」の「自由」が与えられ、労働者には「無限の拘束」が用意され、人間らしい生活にとってもっとも重要な「自由」を奪われるという「悪魔」の法律です。労働者の健康破壊、生活破壊が広がることは必定といわなければなりません。

使用者の指揮命令による長時間労働

この制度が導入されれば、対象労働者は、「成果を上げるため」際限のない長時間労働を強いられることになります。高度プロフェッショナル制度は、対象業務について、「高度の専門的知識等を必要とする」ものとしていますが、使用者が始・終業の時刻を定めたり、具体的な指揮命令、業務指示をすることは禁止されていません。この点は、同じく8時間労働制の例外である裁量労働制が、使用者による具体的な業務指示がないことを前提としている（労基法38条の3第1項1号、同法38条の4第1項1号）ことと大きく異なります。高度プロフェッショナル制度は、使用者の命令による長時間労働を合法化するものであり、まさに「過労死・過労自殺促進法」にほかなりません。

極めて不十分な「健康確保措置」

適用除外法案では、健康・福祉確保措置を講じることが義務づけられてはいますが、法案であげられている健康・福祉確保措置は、長時間労働の歯止めにはまったくなりません。例えば、「1年間を通じ104

日以上、かつ、4週間を通じ4日以上の休日確保」という措置を選択した場合、毎週土曜日・日曜日の休日さえ確保すれば（年間104日、4週あたり8日の休日）、月曜日から金曜日まで毎日24時間働かせても違法ではないということになります。ただでさえ、会社に対する従属性が強いとされている日本のホワイトカラー労働者たちに、こうような働かせ方が合法化されれば、精神、肉体の健康を蝕む長時間労働が蔓延することは火を見るより明らかです。

本人同意は歯止めにならない

また、本人同意が要件とされ、不同意を理由とする不利益扱いはしないこととされていますが、日本のホワイトカラー職場で、個々の労働者が使用者の求める働き方を自由意思で拒否できるとはおよそ考えられません。「ノー」と言った労働者に対しては、「不同意」そのものを直接の理由としなくても、事実上、重要な仕事は任せられなくなり、それが昇給や昇進にひびくということはいくらでもありうることです。不本意適用除外、不本意残業代ゼロ、不本意長時間労働がはびこることは明らかです。

年収要件は引き下げ必至

さらに、この制度について、「年収1075万円以上の人が対象（給与所得者の約3％）だから社会全体に対する影響は大きくない」と考えるとすれば、それは大きな間違いというべきです。産業競争力会議の雇用・人材分科会の民間議員である竹中平蔵慶大教授（パソナ会長）は、この制度について「小さく生んで大きく育てる」と公言しています。同じく分科会の民間議員である榊原定征日本経団連会長も、2015年4月7日の記者会見で、「最終的にこの制度を実効性あるものにするには、年収要件の緩和や職種を広げる形にしないといけない」と述べています。そもそも、日本経団連は、2005年6月21日に発表した「ホワイトカラーエグゼンプションに関する提言」の中で、エグゼンプション（労働時間規制の適用除外）の対象を、年収400万円以上の労働者（全労働者の半分）に拡大することを提言していました。したがって、この制度は、ひとたび「生まれて」しまったら、際限なく拡大されていくものなのです。

(3) 企画業務型裁量労働制の拡大

次に、適用除外法案に盛り込まれた企画業務型裁量労働制の拡大について見ていきます。

①裁量労働制とは

裁量労働制は現行法にすでに含まれている制度です。適用除外法案は、そのうちの企画業務型裁量労働制について、これを大きく規制緩和して、使い勝手をよくしようというものです。

裁量労働制とは、一定の専門的・裁量的業務に従事する労働者について事業場の労使協定において実際の労働時間数にかかわらず一定の労働時間だけを労働したものとみなす制度です（菅野和夫『労働法（第10版）』376頁）。例えば、みなし労働時間を1日8時間30分と定めた場合、1日に15時間働いても、20時間働いても、残業時間は30分になるという制度です。現在は、専門業務型（厚生労働省令で定める業務に従事する労働者が対象）と企画業務型（事業場の労使委員会の5分の4の多数決で決める業務に従事する労働者が対象、本人同意が要件）とがありますが、採用している企業は、専門業務型で2～3％、企画業務型で1％と多くありません。

②改定内容の概要

法案には、企画業務型裁量労働制の対象業務拡大が盛り込まれました。その概要は以下のとおりです。

現行法上、企画業務型裁量労働制の適用が認められる業務は、「事業の運営に関する企画・立案・調査・分析の業務であって、その性質上その遂行方法を大幅に労働者に委ねる必要があるため、その業務の遂行の手段及び時間配分の決定等に関し使用者が具体的な指示をしないこととする業務」とされています。このように現行法では、対象業務を自律的業務、使用者から指示を受けないで行える業務にかなり厳格に限定していたのです。そのため、企画業務型裁量労働制の対象業務の範囲は狭く、採用企業数もごくわずかとなっていましたが、今般、その使い勝手を良くしようという改定が行われようとしています。すなわち、適用除外法案は、現行法上の対象業務に加えて、（ⅰ）「事業の運営に関する事項について繰り返し、企画、立案、調査及び分析を行い、かつ、これらの成果を活用し、当該事項の実施を管理するとともにその実施状況の評価を行う業務」（裁量的にＰＤＣＡを回す業務）、（ⅱ）「法人である顧客の事業の運営に関する事項についての企画、立案、調査及び分析を行い、かつ、これらの成果を活用した商品の販売又は役務の提供に係る当該顧客との契約の締結の勧誘又は締結を行う業務」（課題解決型提案営業）を対象業務に追加するというのです。

③問題点─事務系職場に際限なく広がる危険性

適用除外法案により追加されようとしている業務は、いずれも、労働者に裁量の幅が乏しく、使用者による具体的な指揮命令下におかれやすいものです。また、今回、対象業務に含まれようとしている業務は、いずれもその範囲があいまいで、事務系労働者全般に際限なく広がっていく危険性があります。すなわち、上記（ⅰ）は、企画・立案等とは異質の「活用」「管理」「評価」という一般的かつ広範な事務的業務を組みあわせるもので、社内で行われる事務系業務のほとんどすべてが包含されうるあいまいな規定となっています。また、上記（ⅱ）についても、今日、法人を相手とする営業活動には、相手方法人に対する何かしらの課題解決的提案が含まれることが多くなっており、いわゆる「法人営業」のほぼすべてが裁量労働制の対象にされてしまう危険があります。

また、裁量労働制には、もともと、年収要件はありませんので、対象業務の範囲があいまいになれば、際限なく対象労働者が広がるおそれがあります。

さらに、今まで手続が煩瑣《はんさ》で制度導入がすすまなかったことに対して、手続を簡素化して企画業務型裁量労働制を「普及」するための改定まで行われようとしています。

このように、適用除外法案が通されれば、広く事務系労働者全般に企画業務型裁量労働制が押しつけられ、残業代ゼロの長時間労働が蔓延することになりかねません。

2 「働き方改革」における「長時間労働の是正」——「生産性向上」のために「背中を押す」だけの長時間労働是正策

以上見てきたとおり、適用除外法案は、1日8時間労働制の破壊、残業代ゼロの押しつけ等々、極めて問題の多いものです。私たちは反対の運動を強めて、その成立を何としても阻止しなければなりません。そのうえで、過労死・過労自殺・精神障害の元凶となっている長時間労働を根絶していかなければなりません。

安倍政権も、総活躍プランや「働き方改革」の中で、「長時間労働の是正」を打ち出しています。しかしながら、それは、総活躍プランに盛り込まれた内容を見る限り、極めて実効性に乏しいものといわなければなりません。

総活躍プランでは、「長時間労働の是正は、労働の質を高めることにより、多様なライフスタイルを可能にし、ひいては生産性の向上につながる。今こそ、長時間労働の是正に向けて背中を押していくことが重要である。」と述べています。ここでは、「長時間労働の是正」は、あくまで、生産性向上のための施策とされています。長時間労働を是正して過労死・過労自殺・精神障害を撲滅するという視点は含まれていません。そのため、政府の役割は、せいぜい使用者の「背中を押す」程度のものとなっています。

また、そこには、「労使で合意すれば上限なく時間外労働が認められる、いわゆる36（サブロク）協定における時間外労働規制の在り方について再検討を開始する」、「時間外労働時間について、欧州諸国に遜色のない水準を目指す」などの方針が盛り込まれていますが、総活躍プランのロードマップでは、「36協定についての再検討」は2018年度までに行うとされているだけで、どのように見直すのかは不明であり、過労死・過労自殺・精神障害多発の現状を緊急に改めようとする姿勢はみじんも感じられません。

労働時間を「欧州諸国に遜色ない水準を目指す」という方針については、週労働時間49時間以上の労働者の割合21・3％（2014年）を10～12％（英12・5％、仏10・4％、独10・1％）にするということのようですが、そのための方策としては、事業者に対する指導の強化、長時間労働是正や勤務間インターバルの自発的導入の促進等に限られており、法的規制に踏み込んだものではありません。文字通り、使用者の「背中を押す」だけのものとなっています。また、そうした「背中を押す」施策については、2026年度以降も行うものとされており、欧州並みの労働時間がいつ実現されるのかは、まったく不明です。

このような「長時間労働の是正」では、過労死・過労自殺・精神障害が蔓延する現在の長時間過密労働現場を改善することはできません。

3　長時間労働の根絶に向けて

(1) 労働時間の延長の上限規制

「働き方改革」における「長時間労働の是正」でも、36協定のあり方の再検討が盛り込まれていますが、それは、2018年までかけて検討するような悠長なことが許されるものではありません。

過労死や過労自殺をなくすために、今急いで必要なのは、労働時間の上限規制、すなわち、現在、事実上青天井となっている残業に対する法規制の厳格化です。

現行労基法36条1項は、使用者は、当該事業場の過半数労働組合等と書面で協定（36協定）を締結して、労働基準監督署に届け出れば、時間外、休日労働をさせることができる旨を定めています。次いで、同条2項は、厚生労働大臣は、前項の協定で定める労働時間の延長の限度について基準を定めることができるとしています。これを受けて定められたのが「労働基準法第36条1項の協定で定める労働時間の延長に関する基準」（平成10年労働省告示第154号、以下「限度基準」といいます）です。

限度基準では、その限度時間は、1週間につき時間外労働の限度時間15時間、1ヵ月につき45時間、1

年につき360時間などとされています。しかしながら、この限度基準は、労使協定の当事者にとっての遵守事項を定めたにすぎず、これを超える上限時間が設定されたとしても、それは、直ちに違法・無効とはならないと解されています（前掲・菅野『労働法』353頁）。また、建設業や自動車運転業務には、そもそも、この限度基準は適用されないことになっています。

さらに、この限度基準では、「特別条項付き協定」（臨時的に限度時間を超えて時間外労働を行わせなければならない特別の事情が予想される場合に、特別条項付き協定を結べば、一定の限度で限度時間を超える時間を延長時間とすることができるとする制度）が認められており、東レ、丸紅、東芝、NTT、武田薬品工業、三菱ケミカルホールディングス、パソナなどの大企業で軒並み100時間以上の残業を可能とする特別条項付きの36協定が締結されていると報じられています。

このような青天井の残業制度こそ、日本の過労死、過労自殺等の元凶です。今なすべき喫緊の課題は、限度基準の法定化と特別条項付き協定の廃止です。

（2）野党4党法案

2016年4月19日、民進党、日本共産党、生活の党（現、自由党）、社民党の野党4党は、共同で長時間労働規制法案（労働基準法の一部を改正する法律案）を衆議院に提出しました。

この法案は、過労死ゼロ等のために労働時間の規制を行うもので、①労働時間の延長の上限規制（36協定による労働時間の延長に上限を規定）、②インターバル規制の導入（始業後24時間を経過するまでに、一定時間以上の継続した休息時間〔インターバル〕の付与を義務化）、③週休制の確保（4週4日の変形週休制の導入について、労使協定を要件化）、④事業外みなし労働時間の明確化、⑤裁量労働制の要件の厳格化（使用者が労働時間等の合計時間を把握・記録し、上限の範囲内とする措置をとることを導入の要件化）を内容とし、罰則の導入等の実効性担保策も講じようというものです。

今後、過労死・過労自殺・精神障害の元凶である長時間労働を根絶するため、市民と野党の共同の力で、4野党の長時間労働規制法案を実現させることが求められています。

なお、4野党は、大手広告代理店・電通の新入社員が過労自殺した問題で長時間労働が改めて社会問題となっていることを受け、16年11月15日、罰則を強化した改革案を衆院に再提出しています。

さいごに

1日8時間労働制を破壊する高度プロフェッショナル制度や企画業務型裁量労働制の拡大を含む適用除外法案（法案には、フレックスタイム制の清算期間延長等も含まれていますが、紙幅の関係上省略します）は、過労死・過労自殺・精神障害を激増させるものであり、絶対にこれを許してはなりません。今、緊急に必要なのは、過労死・過労自殺・精神障害の元凶となっている異常な長時間過密労働を根絶することです。安倍政権が「働き方改革」で打ち出している「長時間労働の是正」は、生産性向上のために使用者の「背中を押す」だけのもので、極めて不十分です。

私たちは、2007年、第一次安倍政権が目論んだ「残業代ゼロ法案」を運動の力で法案提出断念に追い込んだ経験を持っています。今こそ、運動を急速に強めて、適用除外法案を廃案にし、4野党法案を実現させるなど、長時間労働を根絶するために力を尽くすときです。

第4章　雇用の流動化
「解雇の自由化」と人材ビジネスの規制緩和

寺間　誠治
河村　直樹

はじめに

「多様で柔軟な働かせ方」として、雇用分野の焦点になっているのは、解雇の金銭解決方式および雇用仲介事業としての人材ビジネスの規制緩和です。

解雇の金銭解決制度＝「解雇自由化」は政府の雇用流動化政策と深くかかわっています。２０１５年３月、規制改革会議が導入を提言し、裁判で「解雇は不当で無効」との判決が出ても、お金さえ払えば労働者を解雇できるようにするのが狙いです。

安倍首相は2016年9月27日、第1回「働き方改革実現会議」を開催しましたが、そこで有識者議員の発言の後、「働き方改革」について、第1に、同一労働同一賃金など非正規雇用の処遇改善。第2に、賃金引き上げと労働生産性の向上。第3に、時間外労働の上限規制の在り方など長時間労働の是正。第4に、雇用吸収力の高い産業への転職・再就職支援、人材育成、格差を固定化させない教育の問題などをあげました。この4番目の「雇用吸収力の高い産業への転職・再就職支援」のためには、雇用の流動化つまり労働移動のための「解雇自由化」が必要になってくるのです。首相は、「働き方改革は構造改革の柱となる改革だ。スピード感を持って国会に関連法案を提出する」と述べ、会議は、年度内に「働き方改革実行計画」を取りまとめる方針で、長時間労働や「同一労働同一賃金」問題が先行議論されます。この会議は関係閣僚8人と民間有識者15人で構成し、労働側は、連合会長の神津里季生氏が入っているだけです。

また問題なのは、雇用仲介事業としての人材ビジネスの規制緩和です。

人材ビジネスは、企業に退職勧奨を指南しリストラされた労働者の再就職支援や受け皿として労働者派遣事業で儲け、そこに国の助成金が流れています。安倍政権は、人材ビジネス事業をさらに拡大し、「労働移動支援助成金」の支給枠の大幅拡充、ハローワークの求人・求職情報の民間提供、ハローワークの自治体移管をいっそうすすめようとしています。雇用保険についても失業給付の改善を凍結し、労働者が劣悪な労働条件でも就労せざるを得なくして、雇用をいっそう流動化させようとしているのです。

1　解雇の金銭解決制度＝「解雇自由化」

（1）解雇の金銭解決とは

解雇の金銭解決制度は、これまで幾度となく検討されてきており、小泉純一郎政権の際には、雇用の規制緩和の目玉として提案され、２００３年には労働基準法改正案に盛り込まれる直前まで行きましたが、労働組合や労働弁護団などの反対で見送られました。そこで、規制改革会議は新たに金銭解決に条件を付し、「解雇無効」とされた労働者の側しか申し立てられないなどと変更しました。しかし、このような制度を認めるとそれを突破口にいずれ解雇自由化に道が開かれる恐れがあり、とても容認することのできないものです。安倍政権は、労働規制を「岩盤規制」と位置づけ、成長戦略の柱には、労働者の「停滞産業から成長産業への移動」（雇用の流動化）を掲げており、労働時間制の改悪などとともに金銭解雇も「雇用規制緩和」の流れとして打ち出され、わが国の解雇が規制されているため「労働移動がすすまない」という基本認識のもとで検討がすすめられているのです。

解雇の金銭解決制度は、厚生労働省内に「検討会」が設置され、２０１５年10月29日から議論が始まっています。この「検討会」は、政府が２０１５年６月に閣議決定した『日本再興戦略』改訂２０１５」と「規制改革実施計画」に基づいて設置されたもので、労使の代表、学者、弁護士などが参加しています。

第１回の会合で厚労省が示した検討事項の一つが「解雇無効時における金銭救済制度の在り方（雇用終了の原因、補償金の性質・水準等）とその必要性」であり、これは、裁判で企業が負けたときの金銭解決制度を検討するということです。初会合では、第一次安倍政権の経済財政諮問会議で民間議員をつとめた規制緩和論者の八代尚宏氏（昭和女子大学特命教授）が、「解雇に関するルールの明確化について」と題した資料を提出し、「金銭解雇の基準を法律で定める」ことは「労働者を救済する有効な手段」であるとして、「法制化を速やかにすすめるべき」と述べました。「検討会」には、連合代表の他に不当解雇に反対して活動する日本労働弁護団の弁護士らも参加しており、労働者が裁判で勝っても会社に復帰する「就労請求権」がないために、あきらめて金銭解決に応じざるを得ない実態があること。多様な労働紛争解決システムがあるものの各制度の関連性が不十分であり、制度の関連づけの必要性があることなどを主張しています。

現在、解雇は「客観的に合理的な理由を欠き、社会通念上相当であると認められない場合は、その権利を乱用したものとして、無効とする」（労働契約法16条）と定められています。整理解雇についての判断は、判例の積み重ねによって、①人員削減をしなければ会社の存続が難しくなる、②経営者は解雇を避けるため、役職員の報酬減など努力を尽くす、③解雇対象者の人選が妥当、④本人や労働組合への説明などの手続きが適正、とした「整理解雇の4要件」が満たされる必要があります。

解雇については、民事訴訟の他、全国の地方裁判所による労働審判、厚生労働省・労働局によるあっせんでの解決などもありますが、使用者側から「解決期間や金銭解決での金額のばらつきで先行きが見通しにくい」との意見が出されてきました。金銭解決ルールができれば、使用者側としても費用がかかる裁判をさけ迅速な解決（解雇）が期待できるとの判断です。

解雇の金銭解決が現状でも多い背景は、すでに検討会でも指摘されているように、労働者が裁判で不当解雇だと認められ職場復帰への道が開かれても、実際には、企業側が職場復帰を拒んでくるために、結果として金銭で解決している場合が多くなっているからです。したがって、解雇の金銭解決がルール化されれば、職場復帰への道がこれまで以上に遠のく恐れがあります。

ＩＢＭなど外資系企業で明らかになったように、問答無用の「ロックアウト解雇」が問題となり、現行法制下でもパナソニック、ソニー、日産などの電機・精密機器や自動車産業などで「隔離部屋」「追い出し部屋」による退職強要などが後を絶たない中で、一旦、導入を認めるならいずれは使用者側の申し出でも金銭解雇が認められるようになる恐れがあります。さらに、解決金の水準が低く設定されれば、金銭面での救済が不十分なまま安易な解雇が広がることになるし、解雇された後の生活保障をどうするか、などの課題もあります。

(2) 不当解雇でも「月収の8倍」で金銭解決?

2016年6月6日の検討会では、不当解雇での金銭解決が「10年勤務で月収の8倍」になっているという分析結果が発表されました。そこでは、労働審判で企業による解雇が無効と想定される場合、企業が支払った解決金は月収の0・84倍に勤続年数を掛け合わせた金額になっているとし、仮に勤続年数が10年であれば月収の8倍強になるというものです。企業による解雇が有効と想定される場合では、解決金は月収の2、3ヵ月分程度で勤続年数は無関係というものでした。これは、労働政策研究・研修機構がまとめた雇用紛争に関するデータをもとに出されたもので、不当解雇の金銭解決について具体的水準が示されたのは初めてのことです。

解雇された労働者が不服の場合、労働審判に持ち込まれることが多くなっていますが、労働審判は労働審判官（裁判官）1人と労働関係に関する専門的な知識・経験を持つ労使代表の労働審判員2人の計3人で構成され、現実には職場復帰ではなく金銭解決になることが多くあります。

2016年10月12日の検討会では、厚生労働省から裁判で不当とされた解雇の金銭解決制度の導入についての論点案が示されました。中身は、「導入についてどう考えるか」「個別に検討すべき事項は何か」など一般的な項目で、具体的な検討項目には踏み込みませんでした。しかし、厚労省は年度内に結論をまとめるとしており、今回の論点案をたたき台に個別項目について検討し、解決金の金額についての水準をどう設けるか、制度の利用を申し立てる主体に企業を加えるかなどが今後の焦点となってきます。

(3)「契約自由の原則」が復活　憲法と労働者保護法制を「改革」

かつて労働基準法には、解雇は「客観的に合理的な理由を欠き、社会通念上相当であると認められない場合は、その権利を濫用したものとして、無効とする」(18条の2)という条文がありました。現在は、それが労働契約法にそっくり移され、先の引用のように「解雇は、客観的に合理的な理由を欠き、社会通念上相当であると認められない場合はその権利を濫用したものとして無効とする」とされ、句読点の有無の違いはあるものの、文言は同じとなっています。当時の労働契約法は2008年3月1日に施行されましたが、その際に労働基準法と入れ替えられたのです。労働基準法でも罰則なしということで問題はありましたが、労働契約法は労働基準法のような強行法規ではなく民事的な規律を定めたもので、すべての条文に罰則そのものがありません。そのため、身近に労働基準監督署での判断を求めることは不可能になり、権利の濫用は裁判所が判断するということになったのです。したがって、訴訟や労働審判など裁判所の手続き以外は、「個別労働関係紛争の解決の促進に関する法律」に基づいて、都道府県労働局に置かれている紛争調整委員会のあっせんや労働局の助言・指導で解決を図るようになっているのです。

周知のように、私人の法律関係はその自由な意思に基づいてなされるべきだという民法の私的自治の原則は、労働関係に関しては修正されてきました。立場の弱い労働者は、契約自由の原則にゆだねるのではなく、労働基準法などによって国が罰則付きで介入するように修正されたのです。しかし、安倍政権は「働き方改革」によって社会が大きく変わるため、労働政策について「制度の再設計を考える必要性が出て」

来たとして、その改革の方向は「今までの労働政策や労働法制のあり方を超えて、より幅広い見地からの法制度の再設計を考える必要性が出てくる…その点から考えれば、すべての働くという活動も、相手方と契約を結ぶ以上は、民法が基礎になる」（「働き方の未来2035：一人ひとりが輝くために」懇談会の報告書14ページ、2016年8月2日）としています。

日本国憲法では、「賃金、就業時間、休息その他の勤労条件に関する基準は、法律でこれを定める」（27条2項）とされており、これに従って労働基準法が制定され「勤労者の団結する権利及び団体交渉その他の団体行動する権利は、これを保障する」（28条）に従って労働組合法が制定されました。私的自治＝契約自由の原則の修正が行われ、労働者は「人たるに値する生活」（憲法25条、労働基準法1条）が法的に保障されたのです。市民法の修正は、世界の労働者・労働組合の長く厳しいたたかいによって実現したものであり、まさに人類の多年にわたる自由と平等獲得の努力の成果であったがゆえに、憲法によって「過去幾多の試練に堪え、現在、及び将来の国民に対し、侵すことができない永久の権利として信託された」（憲法97条）ものなのです。

（4）求められる解雇規制法

日本は、政府や経済界が言うような解雇が厳しい国では決してありません。逆に解雇を規制する法的ルールが非常に弱く、ドイツやフランスなどのような「解雇規制法」がありません。

労働契約法が無効とする「客観的に合理的な理由を欠き、社会通念上相当であると認められない場合」（16条）も、「合理的な理由」とは何なのか、基準が抽象的であいまいな限りです。解雇規制のルールがこのような状況の中で、金銭解決制度だけがつくられるなら、金を出して労働者をクビにする企業が横行し異常な解雇自由社会になりかねません。求められるのは、せめてヨーロッパ並みの規制によって労働者を守る「解雇規制法」です。そして、解雇規制法には、最高裁の判例などで確立されている「整理解雇4要件」を満たさない解雇は無効であると明確に定めることです。労働者に責任がない「整理解雇」には、とりわけ厳しい規制が必要です。さらに、裁判で争っている間は雇用を継続し、解雇無効になったときに労働者が職場に復帰する「就労権」を保障すること、また、「希望退職」を装った退職強要をやめさせること、工場閉鎖などの大量人員削減の際には労働組合や自治体との協議を義務づけることも必要です。そして、期限付きの有期雇用については「解雇の予定」であるため明確に規制することです。

安倍政権による解雇の自由化＝金銭解決制度の検討は直ちに中止すべきであって、検討すべきは、解雇規制を強化する解雇規制法の法制化なのです。

2 人材ビジネスと雇用流動化政策

(1) 国の職業紹介業務をめぐる経過

国の職業紹介事業は、戦時下の1938（昭和13）年に開始されています。産業が発展して、労働力の需給調整が必要となった江戸時代から職業紹介は民間で行われていました。しかし、中間搾取というべき高額の手数料や人身売買的取引が横行し、明治中頃以降、教会などの民間の無料職業紹介所が開設され、その後は自治体による無料職業紹介事業が拡充されました。昭和に入ると、自治体による職業紹介は財政上の理由等で地域間の不均衡が顕著となり、交通機関の発達や産業構造の変化によって広域職業紹介の必要性も高まりました。戦時体制下で軍需産業での労働力確保政策も必要となり、無料職業紹介業務を国で実施することとされました。

戦後は日本国憲法のもとで職業安定法が制定され、職業選択の自由など国民の権利保障の具体化として、新たに設置された労働省の機関である公共職業安定所（以下、安定所）が運営されてきました。ＩＬＯ（国際労働機関）は１９４８年の総会で「職業安定組織の構成に関する条約」（第88号）を採択し、日本政府は１９５３年に批准しています。条約はその１条で「条約の適用を受ける国際労働機関の加盟国は、無料の公共職業安定組織を維持し、又はその維持を確保しなければならない」、２条で「職業安定組織は、国の機関の指揮監督の下にある職業安定機関の全国的体系で構成される」と定めています。

このように職業紹介事業は、一部の専門職種を除いて、安定所の全国ネットワークによって無料で運営され、有料職業紹介事業は原則として禁止されてきました。しかしながら、労働者の就業に介在し、収益を得ようとする規制緩和要望が１９８０年代から強まり、次々と実現されました。１９８５年には、労働者供給事業を禁止する職業安定法44条の例外規定として労働者派遣法が制定され、さまざまな規制緩和を経て現在は対象業務も原則自由化されています。

職業安定法に関しても、１９９７年に施行規則改正によって有料職業紹介の対象をネガティブリスト化し、その後相次ぐ規制緩和によって、対象職種が原則自由化されるとともに求職者からの手数料徴収が認められ、事業所の許可要件が緩和されました（これらの規制緩和が行われても、有料職業紹介事業が急激に拡大することはありませんでした）。２０００年代に入ると、規制緩和要望は安定所業務の民間開放を求め、２００５年からは市場化テストモデル事業が実施されました。求人開拓やキャリア交流プラザ、人材銀行などの事業について、一部を民間委託で実施し、類似の労働市場圏における国の直接実施と、実績とコストの両面で比較して、民間委託の可能性を検討しようとするものでした。その結果は、いずれの事業においても国が実績・コストともに民間を上回り、職業紹介関係業務の市場化テストは終了しました。

(2) 人材ビジネス活用の推進

民主党政権から自民党政権に移行し、政府は産業競争力会議の議論を経て、毎年「日本再興戦略」を閣議決定し、労働政策をはじめ、その実現を各府省に求めてきました。ＩＬＯ88号条約は、「職業安定組織の構成及び運営並びに職業安定業務に関する政策の立案について使用者及び労働者の代表者の協力を得るため、審議会を通じて適当な取極が行われなければならない」「それらの審議会における使用者及び労働者の代表者は、使用者及び労働者の代表的団体が存在する場合には、それらと協議の上それぞれ同数が任命されなければならない」と定めています。しかし、産業競争力会議には労働者代表は１人も参加しておらず、政策決定のプロセスが国際基準から大きく逸脱しています。

「日本再興戦略２０１３」では、「行き過ぎた雇用維持型から労働移動支援型への政策転換」として労働移動支援助成金の抜本的拡充等が盛り込まれました。これについては後述します。また、「民間人材ビジネスの活用によるマッチング機能の強化」として、さまざまな施策の実施を求めました。「日本再興戦略２０１３」は「進化する」ことを表明しており、１年後の改訂が当初から予定されていました。改定に向けて具体的施策を求められた厚生労働省は、２０１４年3月の産業競争力会議雇用人材分科会に、田村大臣（当時）名の資料「外部労働市場の活性化について」を提出し、「日本再興戦略２０１４」に盛り込まれました。その後、この方針に基づいた人材ビジネス活用の具体化が次々とすすめられています。ここでは特徴的な施策の概要を紹介します。

人材ビジネスへの誘導

全国の安定所では、有料職業紹介事業者と労働者派遣事業者に対し、自社をアピールするチラシを安定所に置いて、希望する求職者に配付するサービスへの参加を呼びかけています。人材ビジネスはA４表裏のチラシを作成し、安定所はそれをクリアファイルに整理して、求職者がいつでも閲覧できるようにしています。各労働局のホームページにも同様の情報が掲載されています。しかし利用は低調で、安定所職員が求職者に利用を呼びかけても、「安定所に相談に来たのに、なぜ人材ビジネスを案内するのか」といった苦情を受けています。このチラシは、内容的にも大きな疑問があります。安定所の求人情報は企業の求人広告ではなく、職員が労働条件やさまざまな記述を事業主に確認し、安定所の情報として提供しているものです。一方、人材ビジネスのチラシの内容は、安定所がまったく確認しておらず、安定所が提供する情報としてはきわめて異質です。

求人情報のオンライン提供

安定所が受理した求人情報は、厚生労働省が運営するハローワークインターネットサービスでその多くが閲覧できますが、応募するには安定所の紹介を受ける必要があります。それを、安定所の求人情報は公共財であって、人材ビジネスや自治体の職業紹介に活用することで、全体のマッチング機能が高められるとの理由から、希望する人材ビジネスや自治体に、オンラインで情報提供しています。厚生労働省「ハローワークの求人情報のオンライン提供に関する検討会（２０１６年10月19日）」には、この間の実績が資料提出されています。2016年9月1日現在で、有料職業紹介事業者5 28が利用し、15年4月から16年3月末までの有料職業紹介事業者による採用決定件数は868件です。単純に割り算をすると1事業者あたり1年間の採用決定実績はわずか1・6件に過ぎません。理由はさまざま考えられますが、職業紹介以外の目的に活用されていることを強く懸念します。厚生労働省が3月31日に公表した「民間人材ビジネス実態把握調査（職業紹介事業者）」によると、労働者派遣業を兼業する有料職業紹介事業者は64％、兼業していなくても関連会社に派遣会社がある事業者も多数にのぼります。派遣会社にとって、安定所に正社員求人を提出している事業主は、絶好の営業先となりますので、安定所の求人情報が派遣会社の営業先リストとして活用され、正社員求人が派遣労働に置き換えられる危険性が高いと考えられます。

求職情報のオンライン提供

求職情報も2016年3月よりオンライン提供の仕組みがスタートしています。求職者の情報はさすがに秘匿性が高く、住所・氏名・生年月日等を広く提供する仕組みではありません。ネット上に専用サイトを設置し、希望する求職者が個人を特定されない範囲で希望条件等を登録し、その求職者に関心を持った人材ビジネスがサイト内でメールを送ります。その後双方でメールを交換し、求職者が納得し、当該人材ビジネスに求職登録をしてはじめて個人情報が明らかになります。しかし、それでも安全とは言い切れません。「あなたの希望職種では、当社に多数の求人」などとメールで勧誘があれば、その真偽を求職者が見極めることは困難です。結果的に多くの人材ビジネスに登録する求職者も出てくるでしょう。そこで個人情報が意図的に流出させられたとしても、事実を確認する方法などなく、求職者の人権侵害が生じかねません。

労働移動支援助成金（再就職支援奨励金）

事業規模の縮小等によって離職を余儀なくされる労働者の再就職を、人材ビジネスに委託する事業主に対し、助成金を支給して支援するものです。２００１年の制度発足当時は中小事業主を対象としていましたが、日本再興戦略によって大企業にも拡大され、助成内容も大幅に拡充されました。人材ビジネスに再就職支援を委託しただけで、何の支援も開始されていなくても対象労働者一人あたり10万円、再就職が実現した場合には対象労働者一人あたり最大60万円が支給されます。この間国会で、再就職支援会社と退職コンサルタントが結託し、リストラを勧めながら再就職支援を受託することが問題視され、16年8月より支給要件が一部見直されました。しかし、リストラ企業が再就職支援を人材ビジネスに委託することで助成金を受けられる制度に変わりはありません。再就職実現に対して支給される助成金が、就職経路を問わないことも大きな問題です。縁故就職でも安定所紹介の就職であっても、リストラ企業には助成金が支給されます。安定所には、「人材ビジネスから仕事は安定所で探すように言われた」といった相談が実際に寄せられており、再就職に効果があるのか、大きな疑問があります。「人材ビジネス支援助成金」「リストラ促進助成金」の側面を否定できません。

（3）さらなる規制緩和の議論

２０１６年6月3日、厚生労働省に設置された「雇用仲介事業の在り方に関する検討会」が報告書（以下、報告書）をとりまとめました。14年6月に閣議決定された「規制改革実施計画」では、①ジョブ型正社員の雇用ルールの整備、②労働者派遣制度の見直し、③有料職業紹介事業等の規制の見直し、④労使双方が納得する雇用終了の在り方の検討が盛り込まれ、その具体化の検討がすすめられました。

報告書は、固定残業代の明示などの指針の充実や、虚偽の求人条件を提示した求人者に対する罰則の整備などを求めており、「規制強化」と歓迎する声も聞かれます。しかし、多くは有料職業紹介事業者の要望に沿って規制緩和を求めるものであり、問題の大きい内容となっています。

許可基準等

報告書は、職業紹介事業者に関する面積要件が、おおむね20㎡と定められていることや、職業紹介関係業務を事業所で行うとされている要件について、見直すことが適当としています。検討会の議論では、遠隔地の企業から再就職支援を求められた場合に、その企業の近隣に20㎡以上の事務所を設置せざるを得ない現状の不合理や、職業相談をホテルや喫茶店などで行うことが現実的との指摘がありました。それを受けて報告書は、「プライバシーや個人情報保護の措置」を講じることと引き換えに、面積基準の廃止や事業所外での事業活動を可能とするよう求めています。もっともらしい理由と対応策に見えるかもしれませんが、「職業紹介事業者は社内で職業相談が実施できる場所がなくても構わない」「職業紹介事業者が事業所としての最低限度の機能を備えているかは問わない」ということにほかなりません。事業所近隣の求職者であっても、相談の度に、プライバシーや個人情報に十分配慮した相談場所を確保することが、果たして現実的であるのか疑問です。隣席と近接した喫茶店を相談場所に指定されても、求職者がそれを拒否することは困難です。「今回はどうしても場所が確保できなくて」と、多くの人が行き交うホテルのロビーでの相談も起こり得るでしょう。そして、管理監督する労働行政が、個々の相談が適切な場所で行われているかを確認することなどとうてい不可能です。それどころか、求職者は相談相手が許可を得た職業紹介事業者かどうかさえわかりません。職業相談はプライバシーや個人情報管理に配慮された事業所内で行うとの原則は、面積基準とあわせて維持すべきです。遠隔地での相談についても、「プライバシーや個人情報保護の措置」とは具体的にどのような基準であるかを示し、さらに個別に相談を実施する場所を労働行政に報告することを義務づけるなど、求職者の権利擁護策が機能しない限り、事業所外の相談は認めるべきではありません。

求人情報・求職者情報の管理

報告書は、職業紹介事業と労働者派遣事業を兼業する場合について、別個の管理を要しないことが適当としています。安定所の求人情報が、オンライン提供によって派遣事業者に利用される危険性について先に述べました。今でも危険性は大きいのですが、それでもオンライン提供の利用規約では、職業紹介と関係のない目的での利用を禁止しています。この目的を果たすためには、求人情報が職業紹介事業者の管理下にあることが重要です。報告書は、兼業していれば求人・求職情報を、職業紹介事業と労働者派遣事業を一体管理しても良いとしており、それは安定所の求人情報に労働者派遣会社が自由にアクセスすることを可能にします。今でさえ目的外使用が疑われている問題が、いっそう深刻化することとなるでしょう。

業務提携

報告書は、「より迅速なマッチングの実現を図るため、職業紹介事業者が複数の職業紹介事業者と業務提携することも可能であることを明確化することが適当」と述べています。例えば、東京の職業紹介事業者に、現在は東京在住であるものの地方都市での就職を希望する求職者が相談に来ます。東京の事業者は地方都市の求人を持ちあわせないために、当該地域の求人を持っているいくつかの事業者と連携し、求職者は地方都市の事業者で求職登録をしなくても紹介を受けられる、といったイメージと思われます。便利なように思えますが、必ずしもそうではありません。厚生労働省の「平成26年度職業紹介事業報告の集計結果」によると、有料職業紹介事業所数は1万7893事業所、年間の常用就職件数は51万8328件で、1事業所あたりの常用就職件数は年間3件にも届きません。平成27年度の安定所の就職件数（学卒とパートを除く常用）は109万5249件で、施設数あたりでは2013件です。年間3件にも満たない職業紹介事業者が、他の地域の求人を見て、仕事の内容や事業内容、地域の求人条件と乖離がないか等を判断し、遠隔地の事業者と連携することが可能なのでしょうか。安定所は日々数多くの職業相談を実施し、その経験を蓄積しているので、地域が異なっていても求人内容を理解して、求職者にとってふさわしい仕事がどうかの判断が可能です。しかし、当該業種や職種の相談経験がない事業者が、同様の判断ができるとは考えられません。

さらに報告書は、「手数料配分の留意事項なども明確化することが適当」としています。原則的に有料職業紹介事業者は求人事業主から手数料を受け、求職者から徴収することができません。自社の求職者を他の事業者と連携して送り込むのだから、求職受理の事業者も求人事業所からの手数料の一部を配分されるべきとの発想と思われます。しかし求職者を囲い込み、手数料の分け前ルールを定めるような規制緩和は乱暴であり、求職者の情報提供を新たなビジネスとすることさえ危惧されます。求人・求職ともに自社で責任が負えるよう、先ほどの例でいえば求職者は地方都市の事業者にあらためて求職申し込みをすることが妥当であると考えます。

(4) おわりに

はじめに述べたように、過去において民間による営利目的の職業紹介事業は、求職者の人権を侵害する深刻な弊害があったため、まずは自治体、次いで国の無料紹介事業が確立されてきました。職業紹介は、勤労権や生存権、幸福追求権などを具体化する人権擁護そのものであり、利潤追求と切り離すことがあるべき姿です。

この間、男女雇用機会均等法や高齢法の改正に伴い、公正選考の立場から、安定所では男女や年齢を限定して募集しようとする事業主に対し粘り強く説明し、法制度を定着させる役割を担ってきました。これは、国の行政機関であるから可能であったことです。一方、労働者派遣や有料職業紹介事業者にとっては、派遣先や求人事業主は顧客であり、人材ビジネスは弱い立場に置かれていることが大きな特徴です。例えば、「20代女性限定」をオーダーする求人事業主に、「それは法令上問題がある」と言えば、他の人材ビジネスに顧客が奪われてしまいます。結果的に、年齢や性別、容姿に至るまで企業の要望に応えるしかありません。こうした本質を考慮せず、人材ビジネスの活用促進がすすめられていることは、国民の権利保障の観点から重大な問題があります。

権利保障を担うべき安定所は、政府の人件費抑制方針によって毎年大規模な定員削減が強行され、第一線の多くは不安定雇用の非常勤職員によって支えられています。先進諸外国とくらべて、日本の職業安定職員は著しく少ないのが実態です。人材ビジネスを規制し、安定所職員の大幅な増員を行い非常勤職員を常勤化することが、国民の人権保障にとって非常に重要です。

第5章 賃金 人間らしく働くのにふさわしい公正・適正な賃金制度の確立のために

中村 和雄

1 真の「同一価値労働同一賃金」の確立を！

(1) ニッポン一億総活躍プラン

２０１６年5月18日、安倍政権は「ニッポン一億総活躍プラン」を発表しました。プランでは、働き方改革の方向として、①同一労働同一賃金の実現、②最低賃金の引き上げ、③長時間労働の是正、④高齢者の就労促進が掲げられています。

プランは、「同一労働同一賃金の実現に向けて、わが国の雇用慣行には十分に留意しつつ、躊躇なく法改正の準備を進める。労働契約法、パートタイム労働法、労働者派遣法の的確な運用を図るため、どのような待遇差が合理的であるかまたは不合理であるかを事例などで示すガイドラインを策定する。できない理由はいくらでも挙げることができる、大切なことは、どうやったら実現できるかであり、ここに意識を集中する。非正規という言葉を無くす決意で臨む。」とし、「関連法案を国会に提出する。」としています。安倍政権がとりくもうとしている「同一労働同一賃金」がどこまでまともなものであるのかは甚だ疑問です。ただ「同一労働同一賃金」を政策課題として提起せざるを得なくなったのは、労働現場で非正規が拡大し、正規と非正規との著しい格差をこれ以上放置することがもはや困難な状況に至ったからです。まやかしの「同一労働同一賃金」で誤魔化されることがないように、客観的で公正で適正な「同一価値労働同一賃金」制度を実現するためにはどうしたらよいのか、「同一労働同一賃金」を旗印として労働者の賃金全体の抑制を図ろうとする経営側の画策にどう対処したらよいのか、一緒に考えていきたいと思います。

(2) 正規と非正規の格差

労働政策研究・研修機構の調査によれば、フルタイムで働く労働者に対するパートタイム労働者の時間あたりの賃金水準は、日本で56・8%、フランスは89・1%、ドイツは79・3%であり、わが国の格差は著しいのです。かかる格差の解消のために、「同一（価値）労働同一賃金」の原則を立法化することが必要だとされます。

ところで、経団連は２０１６年7月19日付で「同一労働同一賃金の実現に向けて」と題する文書を発表しました。そこでは、欧州諸国と日本の制度の違いを強調し、経団連の求める「日本型同一労働同一賃金」は「職務内容や、仕事・役割・貢献度の発揮期待（人材活用の仕方）など、様々な要素を総合的に勘案し、自社にとって同一労働と評価される場合に、同じ賃金を支払うことを基本的考え方とする。」とし、現行法制の変更には反対を表明しています。

（3）「同一（価値）労働同一賃金」の議論にあたって

「同一（価値）労働同一賃金」を論じるにあたって、いくつか注意していただきたいことがあります。以下に指摘します。

◆「同一労働同一賃金」と「同一価値労働同一賃金」は、国際的には同じ意味で使用されています。もともとは同じ仕事に従事しているのであれば同じ賃金を支払うという「同一労働同一賃金」として出発したのですが、「同じ仕事」とは物理的に同じというだけではなく「同じ価値の仕事」にも適用するように広がってきたのです。もっとも、わが国の財界の一部では、「現場で同じ仕事をしていても従事している仕事の価値が違うのだから賃金に差があるのは当然である」として、「同一価値労働同一賃金」を「同一労働同一賃金」と異なるものとして主張する方々がいることに注意する必要があります。

◆「同一（価値）労働同一賃金」は、女性に対する差別を是正するために確立されてきた原則ですが、現在では雇用形態の違いによる差別を是正する原則として広く国際的に規範化されています。パート・有期・派遣等の非正規雇用労働者の正規雇用労働者との格差の是正のためにも有効な原則となっています。

◆「同一（価値）労働同一賃金」の法的規制の適用範囲は、主として「同一使用者」のもとでの労働者間の差別に対して適用されます。使用者（企業）を超えた労働者間の賃金格差については裁判などによって規制することは困難です。もっとも、欧米では企業を超えて、同一職種の仕事に対しては同一の賃金を支払うことを協定することが広く行われています。これは、産業別労働組合と産業別使用者団体との協定に基づくものであり、労働組合運動の成果です。企業の枠を超えた「同一価値労働同一賃金」の確立は重要な課題だと考えますが、このことは法律などによる規制の枠組みとは別次元の課題です。したがって、パナソニックで働く労働者の賃金と東芝で働く労働者の賃金を比較して処遇改善を求めることは、労働運動の重要な課題ではあるのですが、今、問題となっている法的規制としての「同一（価値）労働同一賃金」の課題とは別次元のものです。

◆「同一（価値）労働同一賃金」は、職務に対する評価基準です。労働者が従事している職務（仕事）を比較するのであって、労働者を比較しているものではありません。同じ仕事をしている労働者の間において、仕事の達成度が異なることはあり得ます。能力の違いがあり得ます。そうした要素が賃金に反映することはあり得るのです。しかし、それは「同一（価値）労働同一賃金」の問題ではありません。「同一（価値）労働同一賃金」はあくまで職務を比較するものだということをご理解いただきたい。よく、「同一（価値）労働同一賃金は、仕事をさぼっている人とまじめに仕事をしている人が同じ賃金になって不公平である。」という意見があります。同じ賃金にするのであればその通りです。仕事をさぼっている人は「人事査定」の評価が低いのであって、さぼっていることは「職務」の評価ではないのです。欧州でも、「同一（価値）労働同一賃金」によっても「人事査定」評価の違いによる賃金の差が生じることは認められています。欧州では、「同一価値労働」に対応する「同一賃金」は「範囲レート職務給」といって一定の幅を持っているのが一般的です。その幅の中で「人事査定」などによる差が生じているのです。仕事をさぼっている人の賃金が真面目に仕事をしている人より低くなるのは当然です。

（4）「同一価値労働同一賃金」原則規定の整備の必要性

同じ仕事に従事しているのであれば同じ賃金を支払う。仕事に応じて適切な賃金を受けとる。ごくごく常識的な考え方です。国際的にもＩＬＯ条約や国連人権規約、国連女性差別撤廃条約などで広く「同一価値労働同一賃金」原則が規定され、多くの国がこの原則に基づいて国内法規を整備しています。ＥＵでは、すべての加盟国において、パートタイム労働指令、有期労働指令、派遣労働指令などが適用され、非正規雇用労働者にも「同一価値労働同一賃金」原則に基づく賃金制度が整備されています。

わが国では、男性と女性、正規と非正規の賃金格差が先進諸国の中でもきわめて大きく、さらに拡大傾向にあります。そのため、ＩＬＯの条約勧告適用専門家委員会がたびたび日本政府に説明を求め続けており、２００７年６月には総会委員会が日本政府に対して、国内法の整備を含むＩＬＯ１００号条約の積極的促進のための政策を要請しています。

有期・パート・派遣など正社員と雇用形態の異なる労働に従事する者が急増し、こうした雇用形態の労働者の賃金が正規雇用労働者の賃金と比較して著しく低い状況を是正していくためには、早急に「同一価値労働同一賃金」原則実現のための国内法の整備が必要です。

わが国においては、労働基準法3条に、国籍、信条又は社会的身分を理由とする賃金その他の差別的取り扱いを禁止する規定が置かれ、同法4条に女性であることを理由とする賃金差別の禁止が規定されています。しかし、これまでわが国の裁判所において、これらの規定は「同一価値労働同一賃金」原則を規定したものとは解釈されていません。

わが国では、労働契約法に有期労働契約についての差別禁止規定があり（20条）、パート法には短時間労働契約（パート）についての差別禁止規定が存在します（8条、9条）。これらの規定は、労働契約が有期、あるいは短時間であることを理由とする不合理な差別を禁止することを定めたものですが、不合理性の判断はあくまで総合的な判断とされ、不合理性の主張立証責任が労働者側にあるとされています。規定の文言に従う限り、労働者は、対象正規労働者との労働条件の相違と「期間の定め」「短時間」との因果関係の存在、および相違が「不合理であること」について立証しなければならないことになります。

しかし、わが国では賃金格差について明確な基準が確立していないために、何が合理的で何が不合理なのかが明確ではありません。基本とすべき合理性の判断基準が明確でない中で「不合理」であることを立証することはきわめて困難です。賃金は現実に労働している職務に基づいて支払われるのが基本であるとの原則の確立が必要です。そうすれば、原則に反する格差については、使用者がその合理性について主張立証責任を負うことになります。

まず、第一弾の法整備として、労働契約法において、「同一価値労働同一賃金」原則の規定を創設すべきです。条文の文言としては、例えば「使用者は同一価値労働の職務に従事する労働者に対しては同一の賃金を支払わなければならない。ただし、異なる賃金を支払うことに合理的な理由が存する場合はこの限りではない。異なる賃金を支払うことの合理性については使用者が立証しなければならない。」とすることが考えられます。

非正規労働者の増大が深刻化した韓国では、わが国より早く非正規労働者の保護立法が制定されました。2006年に「非正規職保護法」と呼ばれる一連の法制定・法改正がなされましたが、有期雇用及び短時間労働については「期間制及び短時間勤労者の保護に関する法律」(期間制法)が2007年7月1日から施行されています。韓国では差別是正機関が労働委員会である点などわが国と制度上の違いはあるのですが、韓国「期間制法」9条4項では、差別関連紛争において、その立証責任は使用者側が負わなければならないと規定しています。この規定の立法趣旨については、現実的に使用者が勤労者よりも多くの情報を保持していることを反映したものであると一般に説明されています。わが国でも早期に規定の整備が必要です。

(5) 職務分析・職務評価の制度確立の必要性

「同一価値労働同一賃金」原則を実施していくためには、何が同一価値労働であるかを客観的に評価する基準の確立が必要不可欠です。すなわち、「職務」の価値評価基準の確立が必要なのです。職務評価とは、職務内容を比較し、その大きさを相対的に測定する手法であり、人事管理上よく用いられている人事評価とは異なります。職務評価が公正かつ適正になされることが重要です。

職務評価方法にはいくつかの分類がありますが、要素別点数法が優れています。職務の大きさを構成要素ごとに評価する方法です。評価結果を、ポイントの違いで表すのが特徴であり、要素別にレベルに応じたポイントを付け、その総計ポイントで職務の大きさを評価します。

職務評価にあたっては、これらの職務評価項目の設定及びウェイトについての客観性・公平性をどう担

表1　国際労働機関（ILO）による職務（役割）評価項目

基本的な職務評価項目	二次的な職務評価項目	説明
知識・技能	職務知識	職務を遂行する上で必要な知識、専門的な知識・資格
	コミュニケーションの技能	職務を遂行する上で必要な、顧客や利用者、職場の上司や同僚等と良好な関係を作るための、口頭または文書によるコミュニケーションの技能
	身体的技能	職務を遂行する上で必要な、手先の器用さ、手わざの良さ・正確さ、機械や器具等を操作する技能
負担	感情的負担	職務を遂行するうえで、顧客等の感情に配慮し、自分の感情を調整したり、相手の感情の起伏を冷静に受け止め、自分の感情を抑制したりする際に生じる負担
	心的負担	職務を遂行する上で要求される、集中力や注意力、同時進行で複数の仕事を行う、仕事の期限が厳しいなど、精神にかかる負担
	身体的負担	重量物の運搬、無理な姿勢の維持など、職務を遂行する上で要求される身体にかかる負担
責任	人に対する責任	同僚や部下の育成や管理、人事評価、勤務シフトの作成や調整等に関する責任
	物に対する責任	顧客情報の管理や秘密保持、土地や建物・備品等の維持・管理、顧客に提供する商品やサービスの創造・品質の維持・管理に関する責任
	財務責任	利益目標の実現に対する影響、職務上取り扱う金銭や金権等の取り扱い範囲・頻度・金額、予算計画の作成や予算の執行など、金銭に関する責任
労働条件	労働環境	埃、騒音、有害な化学物質、不快な温度や湿度など、勤務する状況の不快さや危険などの物理的な環境
	心理的環境	不規則な労働時間、深夜時間帯の勤務などが求められたり、仕事の重圧やプレッシャーがかかる状況で勤務する必要があったりするなどの心理的な環境

ILO駐日事務所HPを参考に作成

保するかが課題です。2008年に国際労働機関（ILO）が発行したガイドブック「公平の促進：平等な賃金実現のためのジェンダー中立的な職務評価（Promoting equity: Gender-neutral job evaluation for equal pay: A step-by-step guide)」では、①知識・技能（職務知識・コミュニケーションの技能・身体的技能）、②負担（感情的負担・心的負担・身体的負担）、③責任（人に対する責任・物に対する責任・財務責任）、④労働条件（労働環境・心理的環境）を職務評価項目として掲げています。国際的に一般的に採用されている基準です（**表1**参照）。

これに対して、厚生労働省は、「パートタイム労働者の納得度を高め能力発揮を促進するために～要素別点数法による職務評価の実施ガイドライン～」

と題するパンフレット（ホームページにもアップ）を発行し、要素別点数法の一つである学習院大学が開発した「GEM Pay Survey System」をモデルとして説明をしています。

「GEM Pay Survey System」では、8つの評価項目（「人材代替性」、「革新性」、「専門性」、「裁量性」、「対人関係の複雑さ（部門外／社外）」、「対人関係の複雑さ（部門内）」、「問題解決の困難度」、「経営への影響度」）を挙げています。このモデル案は、国際的に確立されている職務評価基準とはかなり異なっており、職務評価の客観性、公平性がきちんと保てるものであるのか甚だ疑問です。わが国において、さらなる研究と検証作業の積み重ねによって、早期に客観的で公正で適正な職務評価制度を確立することが必要です。

(6)「人材活用の仕組み」は職務とは別の要素

また、同一価値労働の評価基準要素として、転勤の可能性や残業の可能性などの「人材活用の仕組み」を加えるべきであるとの見解があります。しかし、「人材活用の仕組み」は労働者が現在従事している職務とは別の要素です。「同一価値労働同一賃金」原則における評価の対象である職務は労働者が現に従事している職務であり、将来従事する可能性のある職務ではありません。評価基準要素に加えることは基本的には賛成しかねます。もっとも、ＩＬＯ基準の②負担あるいは③責任の一要素として評価対象とすることがまったく不可能とは思えません。そもそも、欧米では転勤や残業を一般的に職務として強制することはないのであり、したがって職務評価項目にはあがらないのです。「人材活用の仕組み」は、日本独自の課題です。ただし、仮に人材活用の仕組みを評価要素に加えるとしても、全体に占める当該要素のウェイトが過大であることは許されません。「コース別人事管理」など不当な著しい賃金差別をもたらした制度をそのまま認めることはできません。処遇を決定する基本要素は現在従事している職務であるとすることが公平の理念に合致すると考えます。

ところで、厚労省は、先に示した「要素別点数法による職務評価の実施ガイドライン」の中で、パート労働者に対する処遇について、上記の独自の職務評価をして点数化した上で、さらに人材活用の仕組みが違うことによる「活用係数」なるものを乗じることを推奨しています。活用係数なるものを職務評価基準とは別個に設定し、職務が同一であるにもかかわらず、賃金格差を正当化しようとするものです。これでは、パート労働者には「人材活用の仕組み」の違いだけで大きな処遇格差を認めることになります。現在従事している職務ではなく、将来の転勤や残業の可能性だけでこのような大きな格差を認める制度設計は許されません。まだ、職務評価の「負担」あるいは「責任」の中の一要素として「人材活用」の仕組みを扱う方がはるかにましです。

(7) 労働組合運動の新たな展開の必要性(市場横断的な「同一価値労働同一賃金」原則の確立へ)

経済のグローバル化が進行する中でますます増大する雇用の流動化にどう対処するかが重要になっています。そうした中で、労働者の労働条件を維持・発展させていくためには、企業の枠を超えた外部労働市場において「同一価値労働同一賃金」原則を確立していくことが必要です。そして、「同一価値労働同一賃金」原則の実現においては、職務に対する賃金額が適正な額でなければなりません。適正という意味は、人間として文化的な生活を営むのにふさわしい賃金額という意味です。いくら同一価値の職務に対して同一額の賃金が支払われるようになったとしても、その水準額が低いのであれば意味がありません。水準額の引き上げは運動で勝ち取っていかなければなりません。この課題を実現していくための労働組合の組織形態は産業別組合であることが合理的です。企業の枠を超えた労働者の団結が必要です。従来型の企業別労働組合の運動には限界があります。

韓国では民主労総が産業別組合への組織改変を実行しましたが、わが国でもぜひ組合内での議論を深めてほしいところです。「同一価値労働同一賃金」原則の適正な確立をわが国の雇用現場に広く実現しようとするのであれば、組合の組織形態の変更は不可欠だと考えます。正規と非正規の断絶をなくし、非正規雇用の「使い捨て」を解消するためにも組合の組織のあり方についても大いに議論してほしいところです。

2 最低賃金の大幅引き上げを！

(1) ニッポン一億総活躍プランはきわめて不十分

「ニッポン一億総活躍プラン」プランでは、最低賃金の引き上げについて、「年率3％程度を目途として、名目GDP成長率にも配慮しつつ引き上げていく。これにより、全国加重平均が1000円となることを目指す。」としています。こちらはずいぶんとトーンダウンです。政府は、2010年6月18日に閣議決定された「新成長戦略」において、2020年までに「全国最低800円、全国平均1000円」にするという目標を明記し、2015年6月30日に閣議決定された『日本再興戦略』改訂2015」等においても、中小企業・小規模事業者への支援を図りつつ最低賃金引き上げに努めるべきことを明記しています。安倍政権は日本経済のデフレ脱却のために、最低賃金の引き上げを政策課題としました。プランの工程では全国平均1000円に到達するのは8年後の2024年です。安倍政権は物価上昇年率2％を目標としているのですから、２０２４年の最低賃金１０００円では人間らしく生活するにはきわめて不十分であることは明らかです。

後に紹介するように、アメリカでは最低賃金時給15ドルの運動が各地で最低賃金の大幅引き上げの成果を獲得しています。また最低賃金の引き上げが地域経済の活性化に貢献していることも紹介されています。わが国でも、今こそ、最低賃金の大幅引き上げの実現が必要なのです。

（２）最低賃金大幅引き上げ（今すぐ１０００円、早急に全国どこでも１５００円）の必要性

２０１６年の地域別最低賃金額が確定しました（表2参照）。わが国における最低賃金額は、２０１６年全国加重平均８１３円であり、依然として先進諸外国と比較しても低い水準です。フランスは９・67ユーロ、イギリスは６・７ポンド（21歳以上）。さらに２０２０年までに９ポンドへ。ドイツは８・５ユーロです。

表 2　2016 年度地域別最低賃金

都道府県名	最低賃金時間額
北海道	786 円
青森	716
岩手	716
宮城	748
秋田	716
山形	717
福島	726
茨城	771
栃木	775
群馬	759
埼玉	845
千葉	842
東京	932
神奈川	930
新潟	753
富山	770
石川	757
福井	754
山梨	759
長野	770
岐阜	776
静岡	807
愛知	845
三重	795
滋賀	788
京都	831
大阪	883
兵庫	819
奈良	762
和歌山	753
鳥取	715
島根	718
岡山	757
広島	793
山口	753
徳島	716
香川	742
愛媛	717
高知	715
福岡	765
佐賀	715
長崎	715
熊本	715
大分	715
宮崎	714
鹿児島	715
沖縄	714
全国加重平均額	823

わが国では2015年の改定において、2008年の改正最低賃金法施行後、初めてすべての都道府県において、最低賃金で働いた場合の手取り収入額と生活保護費（生活扶助＋期末一時金＋住宅扶助実績）とのいわゆる逆転現象が解消されました。しかし、逆転現象の解消は、生活保護基準引き下げの影響があることを見逃してはなりません。

また、そもそもわが国の最低賃金が憲法で保障されている「健康で文化的な最低限度の生活を営む」水準に達しているとは到底いえません。2016年全国加重平均813円で週40時間働いた（月間173・8時間）としても月額賃金は14万1307円です。厚生労働省「毎月勤労統計調査」事業所規模5人以上の平成27年平均月間総実労働時間144・5時間では11万7478円です。ここから所得税や社会保険料が控除されます。そこから毎月の食費だけではなく住居費をはじめとする生活費を支払うのです。

配偶者の収入が充分であるか収入が充分にある親と同居するなどの状況でなければ、到底人間らしく暮らすことはできません。つまり、家計補助的な労働者であればともかく、自らの収入によって自らの生活を支える労働者の場合あるいは扶養者がいる場合には最低賃金の額では到底生活できないのです。

これまで、わが国では最低賃金の引き上げの課題が労働運動の重要課題として認識されてきませんでした。最低賃金は家計補助的な労働に対して適用されるものと考えられてきたからです。ところが、非正規労働者が総労働者の4割になり、家計補助的ではない働き方の非正規労働者が増加しています。また、ブラック企業といわれる企業の中では、最低賃金ぎりぎりの水準で働かされている若者がたくさんいます。

こうした働き方の変化の中で、最低賃金の大幅引き上げが労働者の生活を維持していくための重要な課題であることが認識されるようになったのです。

最低賃金は、労働者がそれによって生活していける水準でなければならないのです。生活していける水準を算定するためには最低限必要な生計費の算定が必要です。そのための算出方法としては、生活に必要な物資の品目を個別的に積み上げて生計費を算出する「マーケット・バスケット方式」が有効です。

これまでにいくつもの調査結果が公表されていますが、全労連賃金・公契約対策局が２０１６年６月に発表した「最低生活費試算調査」によれば、全国平均の最低生計費月額は税込み22万８４７６円（税抜き18万４８７３円）でした。これを上記の平均月間総実労働時間１４４・５時間で割ると１５８１円となります。つまり、最低賃金の要求額として１５００円は極めて正当な金額なのです。

（３）地域間格差の是正・全国一律最低賃金制度を

①地域間格差拡大の現状

また、最低賃金の地域間格差が依然として大きいことも問題です。２０１６年の最低賃金時間額の分布は東京都の９３２円と宮崎県・沖縄県の７１４円とでは実に２１８円もの格差が生じています（全国加重平均８２３円）。しかも地域間格差は毎年拡大しています。

２００７年の最低賃金額は、最高が東京の７３９円、最低が沖縄の６１８円、次に低いのが青森・岩手・佐賀・長崎・宮崎・鹿児島の６１９円でした（全国加重平均６８７円）。それが、２００８年には、最高の東京が７６６円、最低の宮崎・鹿児島・沖縄が６２７円（全国加重平均７０３円）となりました。そして、２０１４年には、最高の東京が８８８円、最低の鳥取・高知・長崎・熊本・大分・宮崎・沖縄が６７７円（全国加重平均７８０円）となりました。２００７年から２０１６年までの最高と最低の差は、順に１０４円、１０３円、１０４円、１０６円、１０９円、１２１円、１３９円、１６２円、１７９円、１９２円、１９７円、２０５円、２１１円、２１４円、２１８円となっています。地域間格差が急激に拡大したことが明らかです。

地域経済の活性化のためにも、地域間格差の縮小は喫緊の課題です。地域別最低賃金の地域間格差が増大することに伴い、賃金全体の地域間格差が増大しています。こうした中で、若年労働者を中心として賃金の低い地方から賃金の高い地方への労働力の流動が加速しています。賃金の低い地方では企業の人手不足が深刻化しており、地域の高齢化・過疎化が拡大し、地域経済の活力が疲弊しています。

総務省統計局による「小売物価統計調査」によれば、2015年の平均消費者物価地域差指数（全国平均＝100）の「総合」を都道府県別に見ると、東京都が104・3ともっとも高く、次いで神奈川県（103・5）、埼玉県（101・7）、兵庫県（101・1）、山形県（100・8）などとなっています。一方、もっとも低いのは群馬県及び宮崎県（ともに96・4）で、次いで鹿児島県（96・7）、岐阜県（97・0）、佐賀県（97・2）などとなっています。そして、もっとも高い東京都ともっとも低い群馬県及び宮崎県との差は、7・9％にすぎないのです。

先に紹介した全労連賃金・公契約対策局の「最低生活費試算調査」でも、最低生活費の地域間格差はほとんど認められませんでした。

最低賃金の地域間格差が拡大し続けている大きな原因は、現在の最低賃金審議会の決定方式にあります。中央最低賃金審議会は全国の都道府県をA～Dの4グループに地域分けをして、グループごとの引き上げ目安金額を4段階で決定しているのです。その結果、毎年地域間格差が拡がっていくのです。2016年答申では、A地域（千葉、東京、神奈川、愛知、大阪）は25円の引き上げ、B地域（茨城、栃木、埼玉、富山、長野、静岡、三重、滋賀、京都、兵庫、広島）は24円の引き上げ、C地域（北海道、宮城、群馬、新潟、石川、福井、山梨、岐阜、奈良、和歌山、岡山、山口、香川、福岡）は22円の引き上げ、D地域（青森、岩手、秋田、山形、福島、鳥取、島根、徳島、愛媛、高知、佐賀、長崎、熊本、大分、宮崎、鹿児島、沖縄）は21円の引き上げ、が目安金額とされました。最終的には、各地域の最低賃金審議会が決定するのですが、中央最低賃金審議会の目安額に大きく拘束されているのが実態です。「目安」方式の運用は地域間格差を不当に拡大させています。運用の見直しが必要です。

②全国一律最賃制度確立へ

最低生計費の地域間格差がほとんどないのであれば、最低賃金額も地域間格差は無くすべきです。最低賃金額は、それによって働くことにより、「健康で文化的な最低限度の生活」（憲法25条）を維持できるものでなくてはなりません。少なくとも単身の労働者が生活できるだけの生計費を生み出すものでなくてはなりません。最低生計費の地域間格差がほとんどない以上、その金額は全国一律とすべきです。

なお、現在の最低賃金法は、地域別最低賃金額の決定考慮要素として、「地域の労働者の生計費」、「賃金」、「通常の事業の賃金支払能力」を掲げています。生計費を基準とすることは適当ですが、地域の賃金水準の動向を考慮要素とする必要はないはずです。まして、支払能力を考慮要素とすることは不当です。支払能力が不十分として最低賃金額の引き上げ額を削減することは、最低賃金制度の制度趣旨に反します。「支払能力」を最低賃金決定の考慮要素として法律に規定する例は他国にはありません。世界的に見ても異例です。法律の見直しが必要です。

③中小企業への支援策

もっとも、最低賃金大幅引き上げに伴う使用者の負担について、支援策が必要であることは当然です。わが国の労働者の7割が中小企業で働いています。一定規模以下の企業についての社会保険料の使用者負担率の軽減・免除や税制上の特別措置などを考慮する必要があります。

また、独占禁止法と下請け2法の抜本的改正によって下請け中小企業の健全な経営を確保するとともに、中小企業振興条例の制定などによって、中小企業への積極的支援を図るべきです。中小企業に対する最低賃金引き上げに対応するための特別補助の実施も検討すべきです。

(4) 特定最低賃金(産業別最低賃金)の活用を

特定最低賃金は、関係労使の申出に基づき、最低賃金審議会の調査審議を経て、同審議会が地域別最低賃金よりも金額水準の高い最低賃金を定めることが必要と認めた産業について設定される制度です(最賃法15条)。現在、全国を適用地域とするものは1種類のみであり、多くは各都道府県を適用地域としていますが、あまり普及していません。使用者団体の協力が得られないことが大きな理由ですが、人手不足が深刻化している分野では、特定最低賃金の決定が労使の利害が一致する可能性は低くありません。

企業横断的な産別賃金を形成していくためにも、特定最低賃金制度の活用は有効であると考えます。各地でのとりくみを期待します。

(5) アメリカ労働運動に学ぶ

アメリカ合衆国では連邦最低賃金(7ドル25セント)とは別に州法のレベルで州に適用されるべき最低賃金を定めることができます。現在、全米で29州とワシントンDCが連邦最低賃金を上回る州最低賃金を定めています。この30州のうちほとんどは、ここ2年くらいで引き上げがされたのです。現状ではマサチユーセッツ州が最低賃金を時給11ドルと定めており、一番高いのです。ニューヨーク州は、２０１５年12月31日に９ドルに引き上げられたのですが、２０１６年４月に新たな引き上げが決定され、ニューヨーク市内は２０１８年末に、周辺地域は２０２１年末に、15ドルに引き上げられます。カリフォルニア州では、２０１３年９月に８ドル、２０１５年１月に９ドル、２０１６年１月に10ドルと引き上げられてきましたが、２０１６年４月にさらなる引き上げが決定され、段階的に２０２３年までに州規定の最低賃金を時給15ドルに引き上げられます。また、10州で、インフレ率に伴って最低賃金を引き上げるという規定を持っています。さらに、いくつかの州では、市に独自の最低賃金を決める権限が与えられています。そういう規定を持っているのは西海岸に集中しており、カリフォルニア、ニューメキシコ、ワシントン等の州です。２０１０年の段階で、市レベルの最低賃金を定めていたのは３市でした。しかし、ここ２年間の内に、18の市が新たに市の最低賃金を設定し、あるいは引き上げました。現在、合計18市が市独自の最低賃金を定めています。これらは、連邦よりもかなり高い基準を設定しています。シアトル市では２０１５年４月に最低賃金条例が発効し、企業規模に応じて４つのグループごとに引き上げが段階的になされ、もっとも早いグループは２０１７年１月１日までに時給15ドルになります。サンフランシスコ市は２０１３年に10・55ドルに規定され、毎年段階的に引き上げられ、２０１８年７月１日に時給15ドルになります。シカゴ市は、時給13ドルです。

こうした全米各地での最低賃金引き上げ運動は、従来からとりくまれていた「生活する賃金」を求めるリビングウェッジ条例制定運動にニューヨークのウォール街を占拠し全米に拡大した「99％の労働者」の「１％の資本家」に対するオキュパイ運動、さらには全米で展開されているファストフード産業賃金引き上げ運動等が結合し発展したものです。全米各地で「最低賃金を15ドルに」とのスローガンのもとに連携して運動がすすめられているのです。

①なぜ大きな運動が実現したのか

２０１５年２月ニューヨーク市立大学のステファニー・ルース教授は次のように説明してくれました。

世界経済危機を経てしばらくした２０１０年、リビングウェッジ運動は、一旦収まってきて、停滞状況を迎えた。ニューヨーク市議会でも、民主党が多数を占めているにもかかわらず、時給10ドルを定めたリビングウェッジ条例案が通らない状況が２０１０年頃は続いた。そういう停滞状況があったにもかかわらず、ウォール街占拠運動があった直後に、ニューヨーク市議会は、時給10ドルを定めるリビングウェッジ条例を通した。

その１年後、ＳＥＩＵというサービス業の組合が中心となって、「公正な経済実現のための運動」という連携団体を創って、「ファストフード労働者の賃金引き上げが必要だ」という運動を始めた。「リビングウェッジ条例の適用範囲の限定性を突破しなくてはならない」という考え方が、この新しい運動にはあった。

ファストフード産業には、多くの低賃金労働者が働いている。それらの大半は労働組合に入っていない。ニューヨークでは、時給15ドルと組合結成権の両方の要求を掲げて、１日ストライキにとりくんだ。これが他の都市に広がっていった。ＳＥＩＵを中心とした労働組合、地域の団体、ＮＰＯ、「公正な経済実現のための運動」のような連携組織が、いろんな都市でできあがっていった。シアトル市では、最低賃金を時給15ドルとする条例の制定が実現した。大きな都市で実現し、運動の勢いがかかなり増した。結局、新たに18の市で条例制定や引き上げとなった。州の中でも新たな制定や引き上げの動きが広がった。この中には、住民投票で決められたものもある。

これらの流れでかなりの数の労働者が、賃金引き上げの恩恵を受けている。労働組合は、運動を拡大して、組合員を増加させる戦略を明確に持っている。労働条件を向上させ、使用者に守らせるのは組合であり、労働者の組織化こそが運動の一番の目的である。組合がないと、協約をつくれず、どんなに賃金が条例で引き上げられてもそれに強制性を持たせることができない。しかし、今回の運動が組合の組織化にどの程度貢献したかは、まだ不明である。

リビングウェッジの運動と、ファストフード労働者などの最低賃金の運動とは、対象や適用範囲は異なるが、両者が背景や文脈に応じて使い分けているだけであり、低賃金を打開するという目的は共通し、運動体も連携している。

②最低賃金引き上げの経済への影響

また、日本では、最低賃金の大幅引き上げは企業の経営を圧迫し経済が悪化するなどの反対論がくり返されているのですが、アメリカでは、最低賃金の引き上げが地域経済に好影響をもたらしていることの検証論文が多数発表されています。中小零細企業に対する支援対策をしっかりと取りながら最低賃金大幅引き上げを図ることが、広がる貧困と格差の是正のための重要な政策と位置づけられています。

カリフォルニア大学バークリー校の労働調査教育センターの試算によれば、最低賃金が10ドルから15ドルに上昇することで、州内労働者５６０万人の年収は平均で24％増加するとしています。また、同校のマイケル・ライク教授は同州中部のサンタクララ郡（人口１９２万人）で最低賃金を２０１９年までに15ドルに引き上げた場合、労働者25万人の平均年収は19・4％増加するとの試算を発表しています。その場合、同郡内の使用者が支払う賃金総額の増加は1・2％に過ぎず、商品の平均価格の上昇はわずか0・2％、雇用減は1450人に留まるとしています。

アメリカではこうした統計的な科学的研究がしっかり行われているのです。これらの研究成果を踏まえて、政府労働省も「最低賃金神話バスターズ」(注)というホームページを開設して、最低賃金の上昇は地域経済にプラスであることを宣伝しています。

3　賃金と社会保障をセットで

非正規雇用問題の学習会などでよく出る質問があります。「『同一労働同一賃金』は正社員の賃金を下げる政策ではないのですか。財界の賃下げ要求の片棒を担ぐことになるのではないですか。」確かに、経団連や規制緩和論者の中に正社員の賃金を抑制するために「同一労働同一賃金」を唱える者がいます。しかし、真の「同一価値労働同一賃金」は、正社員賃金の低下を目的とするものではありません。現状の正規と非正規の不当な格差を是正し、人間らしく暮らすための仕事に見合った適正な賃金を実現するものです。

正社員の賃金が不当に高いのであれば、それは問題かもしれません。しかし、一般庶民の正社員労働者の賃金額が高すぎるとは考えられません。にもかかわらず、正規労働者と非正規労働者の賃金にこれほどの格差が生まれてしまったのはなぜでしょうか。

（注）　アメリカ連邦労働省のホームページ「最低賃金神話バスターズ」（Minimum Wage Mythbusters）http://www.dol.gov/minwage/mythbuster.htm

それは日本では教育、医療、保育、介護、住居のほとんどを自己責任で賄うことにされ、そのために家族を支える正社員の賃金には家族生活を支えることができる「生活保障賃金」が必要であり、労働運動もその実現に奔走してきたからです。非正規社員の賃金にはこうした「生活保障賃金」の要素は含まれていません。非正規雇用労働者の割合が4割にのぼり、家族の中に正社員が1人もいない家庭では、人間として生活するのにふさわしい賃金が得られなくなっているのです。

デンマークやスウェーデンなどの北欧諸国はもちろん、ドイツなどヨーロッパ大陸の多くの国では、大学の授業料は無償です。医療費が無償である国も多くあります。住居費も安く、老後や障害の年金も充実し、社会保障が高水準で維持しているのです。税金や社会保険といった社会全体の財源負担によって、これらの制度を維持しています。賃金の果たす役割に大きな違いがあるのです。日本は、アメリカと同様に、こうした制度を受ける費用を基本的に各人の賃金から賄うこととされているのです。

この仕組みを変えるべきです。教育費、医療費、保育費、介護費、住居費等の負担が軽減され、社会保障給付が充実すれば、賃金が少しばかり減少しても生活は維持できます。逆に豊かになることもあり得ます。私たちが生活するために必要な給付のどの部分を賃金で賄わなければならないかによって、賃金が十分か否かは決まるのです。賃金と社会保障は表裏の関係にあるのです。正社員賃金から生活保障賃金部分を減額されても、その部分が公的制度としてきちんと保障されるのであれば、問題は生じないはずです。そうすれば、正規と非正規の格差の解消にもなります。

そして、最低賃金の引き上げなどによって、労働者全体の賃金を底上げしていくことが重要です。

ところが、わが国では安倍政権のもとで社会保障制度の大幅な削減が強行されています。そして、さらに年々悪化してきています。国立大学の授業料はこの40数年間で15倍に跳ね上がりました。奨学金制度は有利子の悪徳ローン制度に変質しました。医療では国民皆保険の制度は維持しているものの、個人負担割合はどんどん引き上げられています。年金は受給年齢の引き上げとともに受給額の抑制が行われています。安倍政権は次から次へと社会保障制度を後退させているのです。

私たちが、賃金要求と社会保障の充実の要求をセットで運動していくことが重要です。

2008	○ITUC（国際労連）：ディーセントワークで世界同時行動 ◇リーマンショック、製造業で「派遣切り」解雇横行 ○年越し派遣村運動
2009	◇衆院選：民主党政権成立～55 年結党後初、自民が第一党の座を失う ◇国連、女性差別撤廃で最終見解：日本の女性差別改善・是正へ 48 項目の勧告・意見
2010	■育児・介護休業法改正：勤務時間短縮措置、深夜・時間外労働の免除
2011	■労働者派遣法「改正」：製造業派遣・登録型派遣の「原則禁止」削除 ○ニューヨークでオキュパイ・ウォールストリート「99%の声を聞け」
2012	■高齢者雇用安定法改正：継続希望者は 65 歳まで全員再雇用 ■国家公務員給与臨時特例法：震災復興財源確保を口実に 7.8%賃金引下げ ■労働者派遣法「改正」：登録型派遣、製造業派遣、日雇い派遣の修正成立 ◇ILO「社会的保護の床」勧告：貧困・社会的弱者のための基礎的社会保障制度 ◇衆院選：自民党第 1 党に復帰（2013 年、参議院も第 1 党）
2013	◇ブラック企業が社会問題化 ◇労働政策が経済政策に従属～重要な柱として「成長政策」 □労働契約法改正：5 年有期雇用の無期転換権、均等待遇の強化 ■国家戦略特別区域法成立 ○日弁連：労働規制緩和反対で日比谷野音集会
2014	■労働契約法「改正」：研究者の無期雇用申込み権 10 年へ延長 ■産業競争力会議：労働基準法「改正」～労働時間制、裁量労働制の拡大、限定正社員、解雇規制緩和提案 ■労働者派遣法「改正」：派遣の全面自由化で恒久利用（上程、廃案） □パート労働法改正：正社員と「同待遇」雇用の際の正社員への転換制度 ■職安行政：民間人材ビジネスへの職安情報開放、労働移動支援助成金増額による雇用の強制移動、雇用調整助成金の減額、外国人労働者の積極的活用 ○安倍政権の雇用破壊に反対する共同行動アクション
2015	■労働者派遣法「改正」：派遣の全面自由化、「正社員ゼロ法案」「生涯派遣法案」で恒久利用（審議） ■労働基準法「改正」：8 時間労働制の解体、裁量労働制、「高度プロフェッショナル制度」（国会上程） □厚生労働省：ブラック企業名公表 ○労働法制改悪反対、連合が国会座り込み ○「生活時間守ろう」労働法制改悪反対集会（労働弁護団）連合、全労連、全労協が初の大結集・国会デモ
2016	■労働政策審議会のあり方を見直す検討会～公労使 3 者構成の政策決定を見直し ■「一億総活躍プラン」閣議決定 ■「働き方改革実現会議」発足 ◇ABC マート、ドン・キホーテを労基法違反で書類送検、電通のカローシを労災認定・強制捜査

（作成）寺間誠治

(3)　労働法制の規制緩和と労働組合の運動 関連年表

1999	◇ILO：ディーセントワーク（働きがいのある人間らしい仕事）を提起 ■男女共同参画社会基本法
2000	■労働契約承継法成立：分割先への転籍を強制する一方労働条件の不利益変更を禁止 ■労働者派遣法改正：製造業および医療への派遣解禁。専門的 26 業種は派遣期間が 3 年から無制限に。それ以外の製造業を除いた業種で派遣期間上限を 1 年から 3 年に ■政府・総合規制改革会議が中間とりまとめ：①有期契約の拡大②裁量労働制の拡大③裁量労働制の拡大④職業紹介の自由化⑤不当労働行為制度の見直しなどを要望 ○国労、「JR に法的責任がないことを認める」4 党合意承認
2001	□個別労働紛争解決促進法 ■総合規制改革会議（第 1 次答申）：①職業紹介の抜本的緩和②派遣労働の拡大、物の製造への派遣解禁③有期契約の拡大④裁量労働制の拡大⑤ホワイトカラーの労働時間管理適用除外⑥解雇自由のルール化など要望 □厚生労働省：「サービス残業」根絶通達
2002	■ 3 年契約制の対象拡大（大臣告示の「改正」） ■専門業務型裁量労働制の対象に 8 業務を追加し 19 業務に拡大（大臣告示の「改正」） ■労働政策審議会・建議：「今後の労働条件のあり方について」裁量労働制、有期雇用の拡大
2003	■労働基準法「改正」：労働契約期間を 3〜5 年、企画業務型裁量労働制の要件緩和。解雇規制緩和ストップ ■労働者派遣法「改正」：製造業への派遣解禁などいっそうの自由化 ■職業安定法「改正」：民間職業紹介所要件緩和、求職者からの手数料規制の緩和 ○労働弁護団：解雇緩和法案に反対で緊急集会 ○労働法制中央連絡会決起集会：連合代表が連帯挨拶
2004	□労働審判法成立：労働審判委員会が労使の個別労使紛争を 3 カ月以内に解決
2005	■改正男女雇用機会均等法：男女双方に性別を理由とした差別禁止、ポディティブアクション ■経団連「ホワイトカラー・エグゼンプションに関する提言」：年収 400 万円以上は労働時間規制の対象外
2006	■経済財政諮問会議（第 1 次安倍内閣）：労働ビッグバンの論議
	■労働政策審議会ホワイトカラー・エグゼンプション決定 □労働審判制度スタート：最高裁発令で各地の地方裁判所に全労連から労働審判員任命
2007	□最低賃金法改正：「健康で文化的な生活確保」へ生活保護との整合性に配慮 ■ホワイトカラー・エグゼンプション見送り
2008	■労働契約法施行：労使対等、均衡待遇、仕事と生活の調和、権利濫用の禁止、安全配慮義務 ○全労連：非正規センター発足、派遣法抜本改正で連合・全労連が同時行動

労働法制の規制緩和と労働組合の運動 関連年表

2016.11

■労働法制の規制緩和などの動き　□労働法などの改正
○労働組合などの運動　◇行政や政治の動き、情勢など

年	規制緩和の内容、労働組合などの運動
1985	■労働者派遣法成立（86 年施行）：「高度で専門的な」13 業務の労働者派遣（翌年施行、特定 16 業種へ） □男女雇用機会均等法成立：募集・採用等の男女均等取扱い努力義務、定年・解雇の女性差別禁止
1987	■労働基準法「改正」：週 40 時間制の原則化、変形労働時間を拡大、フレックスタイム制、裁量労働制導入 ■国鉄分割民営化
1989	○連合、全労連結成大会、全労協結成大会
1991	□育児介護休業法制定
1993	■労働基準法「改正」：週 40 時間制の実施と 1 年単位変形労働時間制を導入
1994	■経団連：「規制緩和の経済効果に関する分析と雇用対策」提言
1995	■日経連「新時代の『日本的経営』」：①長期蓄積能力活用型②高度専門能力活用型③雇用柔軟型の 3 類型 ■政府「規制緩和 5 か年計画」 ■「行政改革委員会規制改革小委員会」報告
1996	■労働者派遣法「改正」：対象 16 から 26 業種へ ■日経連「政府規制の撤廃・緩和要望について」：①裁量労働制の拡大②労働時間の弾力化③労基法の罰則の廃止④女子保護規定の撤廃⑤有料職業紹介事業の制限撤廃⑥労働者派遣の自由化など
1997	■裁量労働制の対象業務に 6 業務を追加 ■政府「規制緩和推進計画」：①労働時間法制の規制緩和②女子保護規定の撤廃③労働者派遣法の全面見直し④有料職業紹介事業の規制緩和などを決定 ■労働基準法「改正」：女子保護規定の撤廃 ■独占禁止法「改正」：純粋持ち株会社の解禁 ○連合：労働法制見直し反対で大会決議
1998	■労働基準法「全面的改正」：①労働契約期間の上限 3 年②裁量労働制をホワイトカラーに大幅拡大（2000 年施行）③ 1 年変形労働時間制の要件緩和 ◇ILO（国際労働機関）：「労働組合の基本的権利に関する新宣言」1. 結社の自由および団交権、2. 強制労働の禁止、3. 児童労働の廃止、4. 雇用・職業での差別排除 ○全労連・連合：労基法改悪反対共同行動～「花束共闘」「雪かき共闘」 ○連合：労基法メーデー、国会 1 万人ウォーク・アピール運動
1999	■職業安定法「改正」：有料職業紹介の取り扱い職業を拡大 ■経団連「産業競争力強化に向けた提言」：①有期契約拡大②裁量労働制拡大③派遣労働の緩和③雇用保険の見直し⑤配偶者控除見直し要望 ■労働者派遣業種の原則自由化（製造業のぞく）

【著者略歴】
井上　久　　全労連 事務局長
伊藤 圭一　　全労連 雇用・労働法制局長
今村 幸次郎　　弁護士　旬報法律事務所
寺間 誠治　　労働者教育協会 常任理事
河村 直樹　　全労働省労働組合 中央副執行委員長
中村 和雄　　弁護士　市民共同法律事務所

カバーデザイン　かんきょうムーブ
マンガ　高宮 信一

「働き方改革」という名の“劇薬”——労働者本位の働くルール確立を

2016年12月10日　初版　　定価はカバーに表示

井上　久・伊藤　圭一・今村幸次郎
寺間　誠治・河村　直樹・中村　和雄 著

発行所　学習の友社
〒113-0034 東京都文京区湯島2－4－4
TEL 03(5842)5641　FAX 03(5842)5645
振替　00100-6-179157
印刷所　㈲トップアート

ISBN978-4-7617-1028-6 C0036